幕末名言物語

激動の瞬間を
キーパーソンの言葉で追う

内池久貴

言視舎

はじめに

十四代将軍・家茂《いえもち》が孝明天皇の賀茂行幸に随従した文久三年（１８６３）三月十一日――。

「いよう、征夷大将軍！」

と、沿道から声をかけたのが長州の**高杉晋作**である。

歌舞伎の大向こうではないのだから、非礼極まる行為だった。

司馬遼太郎の『**世に棲む日日**』では、徳川三百年間、一件もなかったほど無礼な挙動であり、鋸挽きの刑に処せられてもおかしくないようなことだと書かれている。それでも家茂の従者たちは、これが孝明天皇の行幸だったことから怒りを抑えて見逃した。幕府の権威がいかに弱まっているかを示すとともに晋作がもっとも〝らしさ〟を発揮する一幕である。

『世に棲む日日』は吉田松陰と高杉晋作を中心に幕末を描いた名作だが、司馬作品に限らず、幕末を描いた作品では、この加茂行幸が欠かせない名場面になっている。

ところがだ。**池宮彰一郎**の『**高杉晋作**』では、この場面の晋作を《ひとり面を伏せ、嗚咽を嚙み殺していた》と書いている。そのうえで、「いよう、征夷大将軍」と囃したのは《俗説である》と付け加えているのだ。

一坂太郎の『**司馬遼太郎が描かなかった幕末――松陰・龍馬・晋作の実像**』でも《古くからの虚実入り交じった晋作伝には登場するが、確かな史料があるわけではない》と指摘している。

池宮の『高杉晋作』は史料の検証も交えながら話を進めていく小説だが、『司馬遼太郎が描かなかった幕末』は司馬作品の虚実を検証している新書（評論）である。長州維新史の第一人者といえる一坂氏の考察はこの件に限らず非常に興味深いものがある。ただし、一坂氏にしても「確かな史料があるわけではない」と書いているだけで完全に否定しているわけではない。筆者の私見では事実だったと示しているとも取れる材料もあるのだが、それについてはあらためて本編で記す。仮にそれがつくられた伝説だったとしても、とりたてて失望はしない。私の中での晋作は、家茂に向かって「いよう、征夷大将軍！」との掛け声を発した粋な男であることにかわりはないからだ。

格言になるような言葉ではなくても、時代を象徴する名言である。

幕末随一の英雄、**坂本龍馬**の名言としては――。

「日本をいまいちど洗濯いたし申し候」

などが有名である。

この言葉の出どころはどうかといえば、実際にそう書かれた手紙が現存している。

「いよう、征夷大将軍！」という掛け声が発せられたのと同じ文久三年、六月二十九日に姉・乙女へ送った手紙の中に書かれているのだ。

「大事なことばかり書いた手紙なので決しておしゃべり者には見せてはいけない」という断わり書きから始まり、幕府の役人を非難したうえで、「そんな愚かな役人を打ち倒し、日本をいまいちど洗濯しようと考えている。それには大藩の同意も得ている」と続けている。

原文では《右申所の姦吏を一事に軍《いくさ》いたし打殺《うちころし》、日本を今一度せんたく（洗濯）いたし申候事ニいたすべくとの神願ニて候》となる。

現物があるのだから、それにまさる史料はない。

幕末というのは遠い過去の話ではない。

たかだか百五十年ほど前のことである。

当時を知る人はさすがに生きていないにしても、かなりの史料が残されている。福沢諭吉の自伝など、幕末を生きた人たちが書いたものも少なからず残されている。新撰組の永倉新八が書き記したとされる回顧録もあり、そうしたものが手軽に文庫本でも買えるほど身近な時代だ。

かつて私が取材した歴史小説家も、幕末に関しては「記録がありすぎる」と話していた。そのため、この時代を調べるのは「謎解きに近いことになる」とも言っていた。

そうであれば、実像や事実は闇の中にあるわけではなく、つまびらかにしやすい。

だからといってそこにフィクションを紛れ込ませることが禁忌なのかといえば、それもまた難しいところだ。

たとえば**司馬遼太郎**の『**竜馬がゆく**』は、幕末好きにとってはバイブルに近い存在にもなっている。

ではなぜ、この作品の主人公が坂本龍馬ではなく坂本竜馬なのか？

竜は龍の略字なので、それほど大げさな話ではないともいえるが、司馬遼太郎は「小説の中では自分のリョウマを動かしたかった」という理由から竜の字を選んだともいわれている。

また、事実として、龍馬自身は「竜」という字を用いたことがないという。

そうであるなら、「坂本竜馬」と書いた時点で、それは司馬遼太郎が描いた架空の人物を指すことになるともいえなくはないわけだ。

ただし、だからといってどうなのか、という話でもある。

記録がありすぎる幕末の中にあっても、坂本竜馬は誰よりも生き生きと躍動している。

そしてその竜馬の姿が龍馬と重なり合って境界が曖昧になっていたとしても、そのことを否定する必要はないはずだ。

「仕事というものは、全部をやってはいけない。八分まででいい。八分までが困難の道である。あとの二分はたれでも出来る。その二分は人にやらせて完成の功を譲ってしまう。それでなければ大事業というものはできない」

たとえばこれは『竜馬がゆく』の中で紹介される名言である。

この言葉が竜馬のものであっても龍馬のものではないのではないか、などということは悩んでみる意味はない。この言葉はすでに坂本龍馬の名言になっているからだ。

高杉晋作にしても坂本龍馬にしても、虚実取り混ぜた伝説を背負って現代に生きている。

幕末はすごい時代である。

晋作がいた。龍馬がいた。

西郷隆盛がいた。近藤勇がいて、勝海舟がいた。吉田松陰がいて、福沢諭吉がいた。

時代の激変の中で大きな役割を果たした男たちの名前を挙げていけばキリがないほどだ。

多くの才能と個性が現われ、消えていった。

生き急ぐように英雄たちが疾走していったのが幕末である。

そんな時代があった証しとして、彼らが遺していった「名言」をひもといていきたい。それはそのまま幕末を理解することにもつながるだろう。

戦国時代の歴史は好きでも幕末は苦手という人もいるかもしれないが、この時代特有の空気感に馴染んでくると、簡単には抜け出せなくなるほど、はまっていける。

今回この本は、幕末の流れを解きほぐす入門書にもなるように心がけて構成したつもりだ。

といっても、型通りの入門書で終わらせてはいない。

この一冊を読むだけでも幕末通になれるようにしたいと考え、できるだけさまざまな角度から幕末を見ていき、志士たちの人物像を探っていったつもりだ。これから歴史小説を読み進めていこうと考えている人たちの参考になるようにブックガイド的な性格も持たせてある。

幕末は名言の宝庫である。

世に伝わる名言、至言のなかには確実に本人が言ったものもあれば、俗説なのかどうかが定かでないものもあるが、その部分に関して細かくほじくっていくつもりはない。そういうことは歴史研究家に任せておきたいと思っている。龍馬と竜馬が重なり合っても、それが我々の知る坂本龍馬であるからだ。

ただし、紹介していく名言については基本的に出典は記していく。出典を書いてないものは明らかに本人の言葉である場合か、すでに伝説として定着しているものだと考えてほしい。

名言そのものには余計な解説は加えないようにしたが、どういうシチュエーションで発せられた言葉なのかはできるだけ示しておいた。

幕末の名言録は〝日本人としての生き方の教科書〟にもなるはずだ。

この本が幕末の道案内になり、英雄たちが遺していった言葉のどれかが人生の道しるべになってくれたなら——。

そんな願いを込めた一冊です。

目次

※見出しの名言は、その事件の際のものとは限りません

▽蛤御門の変　１８６４
桂小五郎「わしの剣は、士大夫の剣だ。士大夫の剣とは逃げることだ」……160

第五幕　大政奉還……165

▽第一次長州征討　１８６４
西郷隆盛②「十六文で腹を養うような吉之助に天下の形勢などがわかるはずがないではないか」……166

▽功山寺決起　１８６４
高杉晋作③「一里行けば一里の忠、二里行けば二里の義となる」……170

▽薩長同盟　１８６６
中岡慎太郎「人の失策を求めて笑い、坐している傍観者は天下の機会を逃して人の後ろにおかれる」……174
坂本龍馬②「薩州がどうした、長州がなんじゃ。要は日本ではないか」……176

▽第二次長州征討　１８６６
大村益次郎「士の武器は刀槍ではなく重兵の隊であり、士の技能は剣術ではなく、重兵を指揮する能力である」……180
高杉晋作④「おもしろきこともなき世をおもしろく」……184

▽天皇崩御　1866
孝明天皇「あさゆふに　民やすかれと　思ふ身の　こころにかかる　異国のふね」……188
▽大政奉還　1867
小松帯刀「残ったうらみの上に新たな国をつくったところで、いずれ根元から国は倒れてしまいます」……190
坂本龍馬③「誓ってこの公（慶喜）のために一命を捨てん」……192
▽坂本龍馬暗殺事件　1867
由利公正「君がため　いそぐ旅路の愛発越え　衣の雪を払ふまもなし」……194
坂本龍馬④「おれは日本を生まれかわらせたかっただけで、生まれかわった日本で栄達するつもりはない」……196
終　幕　戊辰戦争……199
▽王政復古の大号令　1867
山内容堂②「慶喜に罪ありというならば薩摩侯より七十万石を返上せよ。さればこの容堂も即刻、無一文になって見せよう」……200
▽鳥羽伏見の戦い　1868
松平容保②「何すれぞ大樹　連枝をなげうつ」……204

▽江戸城無血開城　1868
天璋院篤姫「徳川家に嫁いだ以上は徳川家の土になります」……208
山岡鉄舟「朝敵、徳川慶喜家来、山岡鉄太郎まかり通る」……210
勝海舟③「死をおそれる人間は話すに足らないけれども、死を急ぐ人もまたけっしてほめられない」……212
▽佐賀の乱　1874
江藤新平「人間は、死にたくない」……216
▽西南戦争　1877
西郷隆盛③「今度の戦争な、日本人同士の最後の戦争になってくれればよいと思うちょる」……218
木戸孝允「世の中は桜の下の相撲かな」……222
幕末略年表　224　参考文献　230

第一幕

黒船来航

マシュー・ペリー
日本の島は美しかった

幕末はどこから始まるのか？

明確な定義はないが、時代が大きく動き出したという意味で、嘉永六年（１８５３）の**黒船来航**が挙げられる場合が多い。アメリカ海軍の**東インド艦隊司令長官マシュー・ペリー**が、日本を〝開国〟させる交渉のため、突如、浦賀（神奈川県）に現われた事件である。

「泰平の眠りを覚ます上喜撰　たった四杯で夜も眠れず」

という狂歌が生まれたように日本中が大騒ぎになっている。

幕府としては、長崎に出入りするオランダからの情報によってそうした動きがあることは三年ほど前に摑んでいたといわれる。だからといってどう対策を取ればいいかわからなかったわけだ。実際に目の前に黒船が現われた刹那から、開国と攘夷をめぐる狂騒曲が始まった。

思想的な対立から争いが生まれ、粛清があり、クーデターが起きた。そうして多くの血が流されていったのが幕末である。

ずいぶん先に話を飛ばしてしまうが、**木戸孝允（桂小五郎）**は、明治新政府の中で新しい世の中をつくろうと励みながらもこう嘆くことがあったという。

「**こういう政府をつくるためにわれわれは癸丑《きちゅう》以来粉骨したわけではない。死んだ同志が地下で泣いているに相違ない**」

この言葉自体は**司馬遼太郎**の『**世に棲む日日**』からの引用だが、幕末の志士たちは「癸丑以来」という言葉をよく使ったそうだ。干支の組み合わせのひとつである癸丑《みずのとうし》は黒船来航があった嘉永六年に当たる。要するに、幕末の志士の最古参が「癸丑以来の志士」であり、それよりあとに活動を始めた志士とは、格（キャリア）のうえで分ける考え方があったということである。

ペリーにしてものんきに日本にやってきたわけではないだろうが、自身の『**日本遠征記**』の中で「**日本の島は美しかった**」「**富士山がはっきりと見えた**」と回顧している。

「地球は青かった」というガガーリンの言葉が思い出されるところだ。言葉自体はのんきなものでも、幕末の幕開けを告げるひと言だった。

なお、幕末をわかりやすくひもといてくれる名著、**半藤一利**氏の『**幕末史**』によれば、侍のちょんまげを「ピストルをのせたようだ」と表現したのもペリーが最初であったらしい。

坂本龍馬①
衆人がみな善をするなら、おのれひとりだけは悪をしろ。英雄とは自分だけの道をあるくやつのことだ

ペリーが浦賀に現われたのは嘉永六年（1853）六月三日のことで、このときは押し問答の末に結局、ペリーが幕府側に親書を渡している。そこには和親条約を結びたい旨が書かれていたが、その時点で幕府側は返事をしないで済んでいる。**十二代将軍・家慶**《いえよし》が病床についていたこともあり、翌春再びペリーがやってきて返事を聞くということで話がついたのである。

ペリーが去って間もなく、家慶は死没した。

翌年に再びペリーが来航して**日米和親条約**を締結している。その後、安政三年（1856）には総領事として**タウンゼント・ハリス**が伊豆の下田に赴任して、その翌年に**十三代将軍・家定**に謁見した。そして安政五年（1858）に**日米修好通商条約**を結ぶ——という流れになる。

黒船来航からここまでにも五年という時間が流れているわけだ。

黒船来航の十年ほど前にアヘン戦争があり（1840〜1841年）、清がイギリスに負けた事実も

大きかった。それまでの日本は、外敵は武力で排斥しようという攘夷一辺倒だったのに、「武力ではかなわないのではないか」と現実を直視する者たちが出てきたからだ。

黒船が最初に現われたときのパニックぶりは大変なものだったようだが、当時の人たちにしてもいつまでも黒船に近寄れずにいたわけではない。黒船が江戸湾に移り、幕府側が親書を受け取ると、今度は花見のような見物客でにぎわったそうである。屋台のようなものまで出ていたというのだから、いかにも江戸っ子らしい。


その際、そこには誰がいたのか?

フィクションが入り込みやすい場面であるが、そのなかには**坂本龍馬**も混じっていたとみていいだろう。といっても野次馬ではなく、江戸湾警備のために土佐藩から臨時動員されていたので、一兵卒として黒船を見ていた可能性が高いのだ。

はじめて黒船が現われたとき、龍馬は十八歳で（本書では基本的に「数え年」で統一している）、千葉定吉道場で剣術修行をしていた。このタイミングで江戸にいたということでも時代を動かす人間ならではの運命が感じられる。

そんな龍馬が「癸丑以来の志士」なのかといえば、そうとはいいにくい。

龍馬自身、たとえば西郷隆盛のことを「癸丑以来の人」と捉えていたが、自分をそうだとは考えていなかったようである。実際に黒船を見ていたといっても、志士として動き始めるのはもう少しあとになるからだ（西郷はペリー再来航の年には御庭方役として精力的に動いていた）。

それでも黒船を見た衝撃が大きかったためか、この時期、龍馬は佐久間象山に入門している。

黒船を見たあとの九月には父・八平に宛てた手紙にこう書いている。

《異国船処々に来り候由に候へば、戦《いくさ》も近き内と存じ奉り候。**その節は異国の首を打ち取り、帰国つかまつるべく候**》

若者らしい勇ましさであり、このときの龍馬は、はっきりと攘夷思想だったことがわかる。


司馬遼太郎の『**竜馬がゆく**』でも、もちろん龍馬は勇ましい（本書では竜馬と龍馬を分けず、引用部分を除いて龍馬と記すことにする）。

『竜馬がゆく』の愛読者ならご存知だろうが、「鯨のばけもののようじゃなあ」「生けどりの法はないか」と黒船乗っ取りを画策するのだ。それもまた愉しい話だ。

「**衆人がみな善をするなら、おのれひとりだけは悪をしろ。逆も、またしかり。英雄とは、自分だけの道をあるくやつのことだ**」

この言葉は『竜馬がゆく』の中で最初に見つけられる龍馬の名言といえる。後年の口ぐせとして紹介されているのだ。この作品の中から龍馬の名言を採集していけば、それこそキリがない。司馬遼太郎は龍馬の憑代《よりしろ》になっていたのではないかと思えるほど、龍馬らしい名言が次々に放たれる。

付け加えておけば、この時期の龍馬と、千葉周作の娘**さな子**とのロマンスは龍馬伝説には欠かせない話になっている。

しかし後年の龍馬は、さな子のことをあまりよくは言っていなかったようである。

龍馬の妻**おりょう**は、龍馬の死後にいくつかの回顧録を残している。おりょうが語った言葉が明治の新聞や雑誌に掲載されていたのだ。それを**一坂太郎**氏が『**わが夫　坂本龍馬**』という新書にまとめてくれている。妻が振り返る龍馬の実像なのだから、龍馬ファンなら読まずにはいられない一冊である。

そこには《千葉周作の娘さの《ママ》子は、親に似ぬ淫奔女であったそうです》とあり、さな子が誰彼なく男を口説こうとしていた——と書いてあるのだから衝撃的だ。

《悪女（器量の悪い女）の深情けとやらで、わがままで、腕力が強くて、それで嫉妬深いものですから、みなが逃げてまわっていました》とも続けられている。

そして龍馬は、おりょうに対して次のように言っていたそうなのだ。

「いやもう、私は天下に恐るる敵は無いが、彼女《あれ》には閉口した」と。

これが本心だったのか、おりょうに嫉妬させないための龍馬のやさしさだったのか……。さな子の器量がどうだったかは別にして生々しい言葉だが、さすがにこれは名言とはいえないか。

いずれにしても龍馬も人の子である。

宇宙に実理（真理）は二つ無し

佐久間象山

「知の巨人」とでも呼べばいいのか。

坂本龍馬が師に選んだ佐久間象山は、あらゆる学問を貪欲に吸収していった人物である。

儒学、詩文、数学……。アヘン戦争のあとには、清が敗れた教訓からオランダ語を学び、兵学、自然科学、医学にも精通していった。

そんな象山のもとには、龍馬だけではなく勝海舟や吉田松陰らもつどっていたのだから、歴史を動かす羅針盤の役割を果たしていた人だ。

象山は勝海舟の妹、順子を正妻にしているので（それ以前に妾はいた）、勝海舟とは義理の兄弟になる。勝海舟はのちに象山のことをこう語っている。

「顔つきからしてすでに一種奇妙なのに、平生どんすの羽織に古代模様のはかまをはいて、いかにもおれは天下の師だというように厳然とかまえこんで、元来勝ち気の強い男だから漢学者がくると洋学をもっておどしつけ、洋学者がくると漢学をもっておどしつけ、ちょっと書生が尋ねてきても、じきにしかりとばすというふうで、どうも始末にいけなかったよ」

これは**勝海舟**晩年の語録である『**氷川清話**』（**勝部真長編**）から引いた言葉だ。勝海舟も象山に負けない傑物であり、『氷川清話』はさまざまな逸話と見解を知ることができる必読の一冊だ。

象山については**井出孫六**の『**小説佐久間象山**』がお勧めできる。作品中、象山は「しょうざんか、ぞうさんか」といった考察に多くの紙数を費やすなど評伝的要素も強く（井出孫六は象山自身は「しょうざん」と名乗っていたと結論づけている）、読み応えがある作品だ。

また、象山がいかに特異な人間であったかを知るうえでは**山田風太郎**『**おれは不知火**』（『**幕末妖人伝**』所収）も推したいところだ。山田風太郎というと忍法帖シリーズのイメージが強い人も多いだろうが、幕末ものや明治ものなど、リアルな歴史小説の切れ味にも定評がある。

『おれは不知火』は、象山ではなく、象山を殺した河上彦斎と象山の子である佐久間恪二郎《かくじろう》を主人公にした作品だが、その中で象山の怪人ぶりが浮き彫りにされている。

たとえばこの作品中、ペリーの来航時に象山は《悠然たる馬面》でこう言ったとある。

「風船を作って見せようか。時間と金さえ与えてくれればわしが作って見せる。そしてそれに兵をのせて、太平洋を飛んでワシントンを襲うのじゃ」

風船爆弾、あるいは飛行船につながる発想である。

また、象山は自分の遺伝子を後世に残すことにこだわっており、こうも言ったという。

「吾ら名将の血筋にて天下に名を知られ候ほどのものになり候につき、せめては子孫をふやし候て、世の役にも立て申したく候」

「西洋には遺伝学、優生学というものがある。それによると母体もまた健全でなければならぬ。腹は決して借物ではない。日本人の矮小さはこういうことを知らないことに淵源しているのだ。まことに憂うべきことである。**だから自分は容貌よりも臀部の発達した女を妾としたい**」

　要するに、自分のような人間は天下国家のためにできるだけ多くの子孫を残すべきなので、妾も必要だ。それには見た目よりもまず安産型であるのが条件になる、ということである。

　勝の妹、順子は象山よりふたまわりも若いが、それも単なる好色で選んだのではないのだろう。山田風太郎は、象山が勝という人物を認めたことから《その気になったものに相違ない》としている。つまり、勝の妹であるなら母体として優秀だと考えたということだ。

　この後に象山は五十四歳で上洛すると、さらに二人の妾をつくり、それを順子にも報告している。

「天下のために身を思わず苦労いたし候あいだ少しは慰むるところも候」というのだから、天下国家のためには自分を慰めてくれる存在も必要になるといいたいわけだ。

　こうして書いていると象山がただの奇人のようだが、決してそういうわけではない。

「**宇宙に実理は二つ無し。この理のあるところ、天地もこれと異なること能《あた》わず。鬼神もこれと異な**

ること能わず。百世の聖人もこれに異なる能わず」

との言葉もある。これは門下生の小林虎三郎に贈ったものだ。実理（真理）はひとつしかなく、何者もそれは動かせない――。とにかく真理に対しては忠実であろうとした人なのだ。

黒船が来航した際、吉田松陰に対しては次のように説いている。

「いまは、薩摩とか長州とか一国の立場でものごとを見ては仕損じる」

「異国船の問題を見る目は、**一藩の立場を脱けだして天下を見る目で見つめなければならぬのだ**」（『小説佐久間象山』より）

龍馬の言葉とも重なるようにこの後に時代を動かしていく志士たちに先駆けた発想といえる。

象山にしても若いうちは攘夷論に凝り固まっていたが、アヘン戦争、黒船来航といった現実の前に開国論者に転じている。半藤一利氏の言葉を借りれば、そんな象山を中心にして「幕末の思想は大きく転回していく」のである。ただし象山は、こののち吉田松陰が密航未遂を起こしたことから、それに加担したとして、入牢、蟄居することになるので、表舞台からは遠のいてしまう。

元治元年（１８６４）に上洛して一橋慶喜（徳川慶喜）に開国論、公武合体論を説いたことで歴史を動かしたともいえるが、そののち暗殺されている。

吉田松陰①
男児たるもの、事が失敗したからといって逃げ隠れすべきでない

吉田松陰とは何者だったのだろうか?

この人が何をやったのかといえば、答えるのは難しい。やろうとしたことはあっても、やり遂げられたことは多くない。それにもかかわらず、その存在は大きい。この人がいなければ幕末は動いていなかったか、どこかで止まっていたのではないか、という気さえする。

松陰は長州の人だ。山鹿《やまが》流兵学師範である吉田大助の養子であったことから自身も兵学師範となったが、アヘン戦争で清が敗れたことから西洋兵学を学ぶ必要性を知る。そこで九州や江戸に遊学して江戸では佐久間象山に師事している。はじめて象山の門を叩いた際の逸話もよく知られる。

徳富蘇峰の『**吉田松陰**』によれば、平服で現われた松陰を見て、象山は厳然としてこう言ったという。「**貴公は学問するつもりか、言葉を習うつもりか。もし学問するつもりならば、弟子の礼をとりて来れ**」と。

文久に生まれた蘇峰は、明治維新に関わった志士たちとの交友もあったので、その書は史料的価値が高いといえる。

蘇峰に限らず、他の作家も同様の描き方をしている。

司馬遼太郎の『**世に棲む日日**』には《松陰は、服装にはきわめて不器用な男》で《象山は人一倍服装にやかましい男》だともある。象山に「顔は垢面《こうめん》、頭は蓬頭《ほうとう》、もう一度出なおして来い」と言われた松陰は、いったん引き上げ、顔を洗い、髪をとくなどして出直したというのだ。実際の松陰を知るすべはないが、いかにもそのような人物だったのではないかという気にさせられる。

一般に呼ばれる松陰は「号」(称号)だが、もうひとつの号として二十一回猛士がある。

これは死ぬまでのあいだに二十一回の猛を発する、という意思表示のようなものだ。

二十一回というのは「吉田」と「杉」という二つの姓(杉は実家の姓)という漢字を分解するとそうなることからきている。一応、その理屈を書いておけば……。吉の字を分解すると「十一」と「口」、田の字を分解すると「十」と「口」になるので合わせれば「二十一回(＝口が二つで回)」。杉の字は「十」と「八」と「三」に分解できるので、やはり足せば二十一ということだ。

では実際に松陰は、猛を発していたのか?

その一回目は、仲間たちと東北へ遊学しようとした際、過所手形という藩が出す証明書が間に合わなかったにもかかわらず、仲間との約束を守るために脱藩して遊学に出かけたことだ。

二回目は、そのことによって士籍剝奪、家禄没収されていながら、その後も藩主・毛利敬親《たかちか》（慶親）に対して意見書を提出していたこととなる。

士籍剝奪されたときに松陰は藩を追放されたが、十年間の遊学が認められた。松陰の才がそれだけ認められていたので、「十年勉強してからやり直せ」という特別な処遇を得られていたのだ。

その際に松陰は、江戸に出て黒船来航に直面することになる。

敬親に意見書を提出したのは、黒船を見た危機感からのことだ。浪人の立場で藩主に意見書を提出するというのは死罪になってもおかしくないほど大それた行為だ。それでも松陰は、アメリカと戦争になる可能性があるのでそれに備えておく必要があると考え、訴えておきたかったのである。

この時点で松陰は、いまのままアメリカと戦っても勝てないと理解したわけだが、それが三度目の猛につながる。そのままでは勝てないなら、勝つために相手のことを学ぼうと考えたのだ。発想の原点はなおも攘夷だ。長崎港にロシアの艦隊が入ったということを聞くと、まずロシアへ密航することを考えた。そのため長崎へ走ったが、間に合わなかった。その後、江戸に戻ると、再びやってきた黒船に乗り込んでの密航を企てたのだ。

黒船密航を考えた際は**金子重之助（重輔）**とともに小舟を漕いで海に出て行き、黒船に辿り着いている。しかし、幕府との関係をこじらせたくないアメリカ側に乗船を拒まれた。その段階でこの企てを〝なかったこと〟にしてもよかったはずなのに、松陰は「自首するしかない」と考える。

「男児たるもの、事が失敗したからといって逃げ隠れすべきではありません」

それがこのとき松陰を動かしていた論理である。

この言葉は**三好徹**の『**高杉晋作**』から引いたものだが、こうした考え方で松陰が動いていたには違いない。直木賞作家である三好の『高杉晋作』は、取材の裏付けも多い名作である。

この後、松陰と金子は、下田奉行所から江戸に送られ、伝馬町の檻に入れられたあと、萩に送られている。

伝馬町の檻でも松陰は、そこの牢名主を相手に講釈したといわれる。

「**道をきいてくれる者があれば、私は相手が牛馬であっても説きます**」

とは『世に棲む日日』の言葉だ。

萩に送られた松陰は「野山獄《のやまごく》」に入れられる（金子は岩倉獄に入れられ、やがて病没した）。野山獄でも、他の囚人たちと、互いに学び合った。そして野山獄を出されて松本村の自宅での蟄居となると、そこで「**松下村塾**」を開いたのである。

高杉晋作、久坂玄瑞《くさかげんずい》、吉田稔麿、入江九一がこの塾の四天王といわれ、伊藤博文、品川弥二郎もここから出ている。塾生とはいえないが、桂小五郎や井上馨、山縣有朋らも関わりがある。

松下村塾は明治維新への原動力となっていったのだ。

三度死を決して而して死せず

藤田東湖

この本は人物伝ではないが、この時期の思想を左右していた人たちのことはもう少し書いておきたい。水戸藩の指導者でありながら全国の志士に多大な影響を与えたのが藤田東湖《とうこ》である。幕末の志士たちをまず動かしたのが「尊皇攘夷」の思想だったといえる。

外国人排斥思想の攘夷論と天皇尊崇思想の尊皇論を結びつけたのが**尊皇攘夷論**だ。この言葉が最初に使われたのは、藤田東湖が起草して徳川斉昭の名で世に出された『弘道館記』の中だとされる。黒船来航の十五年ほど前のことになる。

尊皇攘夷というと倒幕の旗印のようだが、その認識は必ずしも正しくはない。

そもそもの尊皇論は、天皇を尊び国をひとつにまとめて守っていくという考え方だった。その後、倒幕派と佐幕派（幕府を擁護する勢力）に分かれて争っていくことになるなかで、倒幕派がこの思想を拠りどころにするようになったのである。

藤田東湖は人物としても魅力があったようだ。

西郷隆盛は、ペリーが再来航した嘉永七年（１８５４）に東湖に会っている。そのとき東湖の人柄に感激し、自分の叔父に宛てた手紙の中に「清水を浴びたようで、一点の曇りすらない清澄な心になった」というふうに書いている。

福井藩の参政、**鈴木主税**が東湖に会った際、「我が藩には人材がいない」と漏らすと、東湖から「橋本左内がいるではないか」と返されたという逸話もある。そのことは、左内が福井藩で重く登用されていくきっかけになっている。

そうしたことからいっても、この後の幕末の動きに大きく関わっている人物である。

全国の志士たちにとっての支えになったといわれるのが「**回天詩史**」だ。

本来は漢詩だが、読み下しとおよその訳は以下のようになる。

三度死を決して而《しこう》して死せず。二十五回刀水を渡る。
五度閑地を乞ひて閑を得ず。三十九年七處《ところ》に徙《うつ》る。
邦家の隆替《りゅうたい》偶然に非ず。人生の得失豈徒爾《あにとじ》ならんや。
自ら驚く塵垢《じんこう》の皮膚に盈《み》つるを。猶餘《あま》す忠義の骨髄を填《うず》むるを。

嫖姚《ひょうよう》定遠期す可からず。丘明馬遷《きゅうめい》空しく自ら企つ。
苟《いや》しくも大義を明らかにし人心を正さば。皇道奚《なん》ぞ興起せざるを患《うれ》へん。
斯の心奮発神明に誓ふ。古人云ふ斃れて後已《のちや》むと。

私はこれまでに三度、死を覚悟する大難に遭ったが、死ななかった。水戸と江戸の往復で、二十五回、利根川を渡った。五度、職を辞することを願い出たが、許されなかった。三十九年のうちに七度、転居した。国の盛衰は偶然そうなるものではなく、人生の中で得ること失なうこともまた偶然ではない。いま、幽居の身となり皮膚に垢が張りついているのに驚く。それでも忠義の心は骨髄に沁みついている。嫖姚（霍去病《かくきょへい》）や定遠（班超《はんちょう》）のように外夷を撃つことは期せない。丘明や司馬遷のような書を記すこともできないが、そうすると決めている。かりそめにも大義を明らかにして人心を正し、皇道を打ち立てなければならないと憂う。ならば、心を奮発して神明に誓う。昔の人も言ったように、自分も斃れてのちにやむ、と。死ぬまでやり抜くつもりだ——。

東湖は、**徳川斉昭《なりあき》**が水戸藩で家督を継いで藩政改革に乗り出した際に重用され、斉昭を助けた。だが、幕府の命により斉昭が隠居謹慎処分を受けたことにより、幽閉の身となってしまった。その際にこの回天詩史を書いている。同じ時期には「正気《しょうき》の歌」も書いており、この二つの詩が志士たちに感銘を与えた。

不遇に負けない信念の強さに感じ入るのだろう。愛誦している者が多かったといわれる。

手塚治虫の『**陽だまりの樹**』は、架空の人物を登場させながら幕末を描ききった名作漫画だ。その中でも東湖の存在感は大きい。回天詩史が志士たちの精神的支柱になっていたことが描かれているだけではなく、東湖本人も登場している。そして主人公の伊武谷万二郎に徳川三百年の歴史とともに生きてきた桜の老木を見せながら次のように語っている。

「ここは陽当たりもええし　風も強うない……この桜はぬくぬくと三百年、太平の世に安泰を保ってきたわけじゃ……　ところが知らぬ間にこれこのとおり　白蟻や木喰い虫の巣になってしもうたわい。もうこれはあと十年ももつまいて。**徳川の世はこの陽だまりの桜の樹のようなものじゃ……**」

そんな東湖は安政二年（１８５５）に起きた大地震の際、倒壊した家屋の下敷きとなり圧死してしまう。多くの大名屋敷、武家屋敷が倒壊し、一万人ほどの死者が出た「**安政の大地震**」だ。

このとき東湖は、いちどは家屋から出ていたにもかかわらず、火鉢の火を心配して引き返した母親を救おうとして再び屋敷に戻った。そのとき落ちてきた鴨居を体で受け止め、肩で支えているうちに母を逃がしたところで力尽きたといわれている。

勝海舟①
艦《ふね》なんざあ、すぐに出来るだろうが、人間は船渠《ドック》じゃ出来ない

「藤田東湖は、おれはだいきらいだ」

そう言っているのは**勝海舟**である。その語録『**氷川清話**』の中にある「藤田東湖」という項の書きだしがこうなのである。以下のように続く。

《あれは学問もあるし、議論も強く、また剣術も達者で、ひとかど役にたちそうな男だったが、ほんとうに国を思うという赤心《まごころ》がない。もしも東湖に赤心があったら、あのころの水戸は、天下のご三家だ。直接に幕府へ意見を申しいずればよいはずではないか。それになんぞや、かれ東湖は、書生を多勢集めて騒ぎまわるとは、実にけしからぬ男だ。おれはあんな流儀は大嫌いだ》

英雄は英雄を知る、というが、逆もあるということか……。

勝がどうしてこれほど東湖のことを悪しざまに言っているのか真意はわからない。ただ、東湖は志士を動かす言葉を残していても自分で何かを成したわけではないので、それを歯がゆく思っていると

いうことかもしれない。勝自身が誰にもまさる〝実行の人〟だったからだ。

勝の曽祖父は、貧農の家に生まれながら江戸に出て高利貸しとして富を築いた盲人だが（山田風太郎の『**幕末妖人伝**』所収「**からすがね検校**」に詳しい）、父親の小吉は無役の旗本であり、出世とは縁遠い場所にいた。それでも勝は、自らの才覚と行動で道を切り拓いていったのだ。

その端緒は黒船来航直後に提出した「**海防意見書**」にある。幕府が国中に広く意見を求めたとき、七百を超える声が集まり、その中で勝の意見書が目を留められたのだ。それは、段階的に富国強兵を実現していく方策を示したものであり、「交易による利益を軍艦などの購入に充てること」「西洋流の兵制で海軍生を養成していくこと」などが骨子になっていた。

「**今日本に一番乏しいは人物。艦《ふね》なんざあ直ぐに出来るだろうが、人間は船渠《ドック》じぁ出来ないから、問題はむずかしいんですよ**」

これは**子母沢寛**の『**勝海舟**』の中にある勝の言葉だ。この言葉自体は、もう少しあとになり「海軍整備には五百年かかる」という持論を展開した際のものだが、意見書を出した三十一歳のときから発想は変わっていなかったといえる。人を育てることを第一に考えていたということだ。

海防意見書を出したあとの勝は「異国応接掛附蘭書翻訳御用」という役に就き、さらに長崎の**海軍伝習所**で教監となる。尊皇攘夷とは違った潮流をつくりだしていったのだ。

日米和親条約締結　1854

過去の取り決めや仕来りにとらわれることなく、いまどう対応するのがいいのかを考えなければならない

堀田正睦

ここであらためて黒船来航からの流れを整理しておきたい。

黒船が現われたのは嘉永六年（1853）六月三日で、このときの将軍は**十二代・家慶**だった。家慶の代には老中首座の水野忠邦が**「天保の改革」**を行ない、高野長英や渡辺崋山ら開明的な蘭学者を弾圧する**「蛮社の獄」**があった。天保の改革は失敗に終わり、その後、家慶は老中首座に**阿部正弘**を抜擢した。そこまでは〝幕末前夜〟の話だが、黒船来航時の老中首座もこの阿部になる。

家慶は、黒船が現われてからひと月も経たないうちの六月二十二日に病死して、家定が十三代将軍になる。この家定は病弱だったばかりか、「凡庸」「暗愚」などいろいろ言われている人だ。二人の正室が早逝したのち篤姫を迎えたが、子ができなかったことがのちの騒動につながる。

嘉永七年（1854）に黒船が再来航したあと、**日米和親条約**を締結。この年、改元があり、安政二年（1855）に大地震があった。その後に阿部は老中首座を**堀田正睦**《まさよし》に譲った。幕末は凶事によ

る改元が多いのでややこしい。天皇一代一元号の「一世一元」になったのは明治からだ。

アメリカ総領事ハリスに**日米修好通商条約**への調印を求められ、孝明天皇に勅許を奏請するなど奔走したのは堀田である。

阿部、堀田は幕末の重要な時期に幕政を仕切っていたわけだが、二人の人物像は意外と知られていないのではないだろうか。

私は以前、**『開国　愚直の宰相・堀田正睦』**を書いた**佐藤雅美氏**を取材させてもらったが、そのとき佐藤氏はこう話していた。

「阿部さんは東大の前身の蕃書調所《ばんしょしらべしょ》を開校したり、大船製造禁止令を解いて船の建造を認めたり、いろんな改革をやった非常に優秀な政治家だったんです。そのため、以前は開明派という捉え方をされていましたが、実際はそうじゃない。阿部さんはそうやってハリネズミのように武装することで、鎖国を貫き通そうとしてたんです」

「堀田さんというのは政治音痴でしたけど、強烈な使命感だけはもっていました。周囲に自分の考えを理解してくれる人がいなくても、〝いま、日本を開国しないでどうやって国を存続させていくんだ〟と考えて一人で開国へ引っ張っていこうとしたんです」

この言葉からも二人の人物像と当時の状況はおよそ理解できる。『開国』は佐藤氏がとことん史料にあたって書いたノンフィクションにも近い良書だ。

この二人に絡んでくるのが「**夷狄は一疋も残らざるよう召捕り次第、打殺し候よう**」というほど徹底した攘夷思想をもつ、水戸第九代藩主の**徳川斉昭**である。幕末の名君の一人に挙げられることもあるが、この言葉からもわかるように乱暴な人ではある。

自分の兄、斉脩《なりのぶ》のもとに十一代将軍・家斉の娘である峰姫が嫁いできたとき、付き添ってきた大奥上臈年寄の唐橋に手をつけ妊娠させてしまったこともある。自分の長男の正室に手を出したことからその正室が自害したともいわれる。月並みな表現をすれば、夜も暴れん坊だったようだ。

その斉昭に対して阿部は、老中首座に就いた翌年に次のような手紙を書いている。

「**もはや異国船撃攘の令を発しても必勝を期すことはできない**。それをしようとするのでは日本の恥辱となるだけだ。堅牢な軍艦を製造し、海軍防備を厳にするのが今日の急務である」

これが黒船来航の七年前のことだ。やはり阿部はものの道理がわかった人だったといえる。

阿部が老中首座だった時期には「**安政の改革**」と呼ばれる幕政改革が進められた。その中でも大きかったのは、従来の幕閣独裁体制を改めて、広く諸大名からも意見を聞くようになり、庶民の意見までを聞くようになったことだ。そこで勝海舟の意見も登用されたわけだ。

そうして海防強化を進めようとしていた阿部だが、黒船の圧力に屈したように日米和親条約を結んで下田と箱館を開港している。日米和親条約のあとには**日英和親条約**、**日露和親条約**も締結した。それに続いて安政の大地震も起きたので、風当たりが強くなりすぎ、責任ある立場から逃れたのだとも考えられる。大地震のあとすぐに開国派の堀田に老中首座を譲ったのだ。

それでも阿部は、完全に幕政から退いたわけではなく、通商条約の締結には反対していた。和親条約を結ぶことまでは仕方なかったとはいえ、交易を始めることには反対していたということだ。その事実からも、本来は鎖国を貫きたかった人だとわかる。

それに対して開国派の堀田は訴えた。

「祖法祖法と過去の取り決めや仕来りにとらわれることなく、いまどう対応するのがいいのかということを我々国の政《まつりごと》をお預かりしている者は考えなければならないのです」

「西洋の諸国が国を富ませ兵を強くしたのは万里の波濤を乗り越え、交易をはじめるようになったからだというのは伊勢（阿部）殿もよくご承知のはずです。通商条約を締結することの、一体どこがどう間違っているのです」（『開国』より）

この問題の先行きが見えないなかで、阿部は安政四年（１８５７）六月に急死した。

そして、その年の十月にハリスは江戸に入って家定に謁見している。その際の家定が挙動不審だったことがハリスの日記に書かれており、家定が脳性麻痺だったのではないかとみられる一因になっている。通商条約締結への流れはもはや止めようがない状況になっているなか、堀田は孝明天皇に条約締結の勅許を得ようと上洛したが、得られなかった。

堀田は失意のうちに江戸に戻ったが、そこで幕末の流れを激変させる大きな動きが待っていた。

「一橋派」と「南紀派」の対立である。

この頃の幕府には、家定の次の将軍をめぐる駆け引きが激化していたのだ。

福井の松平慶永《よしなが》（春嶽）、薩摩の島津斉彬《なりあきら》、土佐の山内豊信（容堂）らは次代将軍に斉昭の子である**一橋慶喜**を推していたが、斉昭が嫌われていたことなどから（大奥でも総スカンだったといわれる）、これに異を唱えて紀州の**徳川慶福《よしとみ》**を推す派もあったのだ。

慶福は当時まだ十三歳だったが、十一代・家斉の孫であり、十三代・家定の従弟にあたるように将軍家に近い血筋だった。慶福を推したのが**井伊直弼《なおすけ》**や会津の松平容保《かたもり》らである。

堀田が京にいるあいだに〝誰か〟が家定をうまく言いふくめたのだと考えられる。

堀田が江戸に戻ってきたあとすぐに家定はこう言い放った。

「**掃部《かもん》を呼べ。大老に任ずる**」

名言とは言えないが、歴史を動かしたひと言だった。

これにより掃部頭《かもんのかみ》が登場する。安政五年（１８５８）四月、井伊直弼は大老に就任した。

第二幕

安政の大獄

名君を選ぶ必要は毛頭ござらぬ

井伊直弼

井伊直弼が大老に就任して間もない安政五年（1858）六月に**日米通商条約**は締結された。

堀田正睦は条約を締結する前に孝明天皇の勅許を得ようとしていたが、井伊はそれを飛ばした。幕府が決めたことについて朝廷に伺いを立てる必要はないと考えたわけだ。このときからすでに強気の人間といえる。『**開国**』を書いた**佐藤雅美**氏は井伊についてはこう話していた。

「条約調印したから進歩的な人だったというように解釈する人もいますが、井伊はもともと国学をかじっていた人です。江戸城中では堀田さんと同じ溜間《たまりのま》詰でしたから、堀田さんの話を聞かされているうちに開国論をほんの少し理解していたくらいだったと思いますね。だから堀田さんを罷免して全権を握ってからは外交には興味を示さなくなり、間部詮勝《まなべあきかつ》に任せきりにしてたんです」

井伊は、大老になって間もない五月に**一橋派の幕吏を排斥**していき、先の老中首座である堀田も登城停止処分にした。次期将軍は、慶福に決まったと発表したうえ、徳川斉昭に謹慎、一橋慶喜に登城差し控え、松平春嶽に隠居謹慎を命じている。

次期将軍になっていたかもしれない慶喜にまでこうした沙汰を出せるのはどうしてかといえば、大老だからである。老中は幕政をとりしきる重職だが、大老は時によって老中の上に置かれる最高職になる。いわば幕府ナンバーツーだ。仮に将軍を意のままにできるなら絶対的な権力者となる。

慶喜らに処分を伝えた翌日に家定が亡くなり（家定の死はそれまで伏せられていたとの説もある）、慶福が十四代将軍となり**家茂**と名を変えた。十三歳の将軍の誕生である。

半藤一利氏の『**幕末史**』によれば、井伊は大老に就任した直後の閣老会議でこう話したそうだ。

「徳川家が二百数十年の長きにわたってつづいているのは、名君がつねにあってのことではない。むしろ幕臣や諸侯が徳川の血を尊崇しているおかげである。この尊崇をこそ重んずべきであり、**名君を選ぶ必要は毛頭ござらぬ**。英明をえらぶは外国の風習である。皇国には血脈の近いほうを迎える美風がある」

これを名言のひとつに数えていいものかどうか……。臣下とは思えぬ、恐るべき言葉である。

ここから安政の大獄は始まる。

安政の大獄というと思想弾圧事件というイメージがあるかもしれないが、政治的な意味合いで反対派を粛清した性格が強い**弾圧事件**である。

人を用いるには、急ぐものではない。一つの事業は、十年経たねばとりとめのつかぬものだ

島津斉彬

一橋派でありながら処分されなかった例外的な存在が薩摩の島津斉彬だ。

幕末にあってスケールの大きさでは一、二を争う人物といえる。**池波正太郎**の『**西郷隆盛**』は、西郷の魅力が伝わってくるだけでなく、西郷が心酔した斉彬がいかにすぐれた人物であったかもよくわかる作品だ。そこでは斉彬の言葉として次のものが紹介されている。

一、**人心の和は政治の要諦である。**

一、**民が富めば君主が富む**の**言は、国主たる人の一日も忘れてはならぬことである。**

一、**君主たるものは、愛憎の念を抱いてはならぬ。**

君主の心得といえるが、こうした人が統治するなら領民（国民）は幸せである。

ただこの斉彬は、藩主になるまでにもずいぶんかかった人だ。**十代藩主・斉興**《なりおき》の嫡男だったが、斉興はなかなか家督を譲らなかったのだ。この当時は嫡子が元服すれば藩主の座を譲るのが慣習になっ

ていたのに斉興はそうしなかったので、斉彬は世嗣《せいし》（跡継ぎ）のまま四十歳に達していた。

そしていわゆる「**お由羅《ゆら》騒動**」も起きた。斉彬は正室の子だが、側室であるお由羅の方の子の久光に家督を継がせようとする動きがあったのだ。斉興に重用されていた家老の調所広郷《ずしょひろさと》が久光を推す一方、若い藩士たちは斉彬への家督相続を望んでいたので対立は深まった。そのうえ斉彬の子たちが次々に亡くなっていき、お由羅の方の呪詛によるものではないかとも疑われた。真相は定かではないが、実際にお由羅の方は呪詛していたともみられている。

その復讐のため、お由羅の方の暗殺を謀る者も出てきたことから、斉彬派の藩士たちは次々に処分されていった。そこでようやく幕府の調停が入る。もともと斉彬とは親しい間柄だった老中の阿部正弘が動き、将軍・家慶が斉興に隠居を勧めたのだ。それでようやく斉彬は家督を継いでいる。嘉永四年（１８５１）のことで、斉彬は四十三歳になっていた。黒船来航の二年前にあたる。

斉彬は藩主になってすぐに近代的な洋式工場群の建設を進めた。「**集成館事業**」と呼ばれており、造船や大砲鋳造のために反射炉や溶鉱炉なども建設した。世界遺産に登録された「明治日本の産業革命遺産」には集成館の反射炉跡なども含まれている。その先見性にはあらためて驚かされる。

松平春嶽は斉彬を師父と仰いでいるが、あるとき斉彬にこう言われたそうだ。

「大金は大事業に必要なり。ゆえに百万の富といえども惜しんではならぬ。零細な小金はいくら倹約をしても天下のため害になることはない。だから小金は惜しむべきである」（『西郷隆盛』より）

これだけの言葉をいまの起業家は口にできるだろうか？

『**氷川清話**』の中では勝海舟も言っている。

「斉彬公（順聖）は、えらい人だったよ。西郷をみぬいて、庭番に用いたところなどは、なかなかえらい。（中略）あるときおれは公と藩邸の園を散歩していたら、公は二つのことを教えてくださったよ。それは、**人を用いるには、急ぐものではないということと、一つの事業は、十年経たねばとりとめのつかぬものだということ**と、この二つだったっけ」

生まれた時代によっては天下を狙うことも巨万の富を築くこともできたのではないだろうか。

斉彬や春嶽は、井伊直弼とはまったく逆に、この時期には絶対に〝英明な継嗣〟が必要だと考えていた。そのため斉彬は、分家の**篤姫**を養女としたうえで、さらに近衛家の養女にして家定に嫁がせている。慶喜を世継ぎにすることを家定に認めさせるためだったが……、先にも書いたように家定を言い含めた者がいたのだろう。**司馬遼太郎**の『**最後の将軍**』ではそれを家定の生母、**お美津**だったと見ている。極端な水戸嫌いだったお美津が家定に「水戸の老公（斉昭）は、大鬼でございますよ」「その御子の一橋殿も、鬼でございます」と教え聞かせたとある。そのためなのか……。

「**紀州好き、一橋好かぬ**」

と家定は、井伊に話すことになる。幼児のような口調だが、実際にそう言ったという記録が残っている。このとき家定は三十五歳である。これもまた歴史を動かした言葉といえる。

井伊が大老になったあと、斉昭や春嶽に謹慎や隠居が処せられたのに対し、斉彬に咎めがなかったのはどうしてかといえば、このとき国元にいたからだ。斉昭や春嶽は、井伊が世継ぎは慶福に決まったと発表した際、直接、抗議のため登城したので処分を受けたが、斉彬は抗議をすること自体ができなかった。ただし、そうした状況を知ると、さすがに黙ってはいられなかった。

海音寺潮五郎の『**寺田屋騒動**』によると、斉彬はこう布告したという。

「天下のために、近々に兵をひきいて東上する。皆々心得よ」

そこで本格的な洋式の調練も始めた。五千ほどの兵を率いて東上するつもりだったというのだから本気だったに違いない。武力で激突することも充分、考えられた。

だが、ここでまさかが起こる。

斉彬の様子が突然おかしくなり、そのままこの世を去ったのである。

コレラだとみられている一方、毒殺だという説も根強い。毒殺だとすれば、疑われるのは斉興か久光、その一派となるが……、斉彬は最期にこう遺言している。

「久光の子に藩主を継がせ、久光はその後見をせよ」と。

このとき幕末という時代は大きな光を失った。井伊を止める者がいなくなったのである。

松平春嶽
我に才略なく我に奇なし常に衆言を聴きて宜しきところに従ふ

島津斉彬に**松平慶永**、さらに土佐の**山内容堂**、宇和島の**伊達宗城**《むねなり》を加えて「**幕末の四賢侯**」と呼ばれる。この四大名は揃って一橋慶喜を推していた。そのなかでもとくに積極的に運動をしていたのが春嶽だった。

春嶽は慶永の号であり、本人もよくそれを用いていた。

春嶽は、田安徳川家当主の八男で十二代将軍・家慶の従弟にあたるが、越前福井藩主が急死したことから養子に入って**福井藩主**となっている。勝海舟が神戸海軍操練所を開くにあたって坂本龍馬が資金援助を求めてきた際、千両（五千両ともいわれる）を出したことでもよく知られる。

そんな春嶽が慶喜を推したのは、慶喜が英明だという評判が早くから高かったからだ。

十三代・家定は精神面が問題視されただけでなく病弱で、世継ぎができる見込みが薄かったので、将軍継嗣問題が起きたわけだが、春嶽らは国を思うからこそ慶喜を立てたかったということだ。
しかし、井伊直弼の台頭によってそれはかなわなかった。井伊の決定に納得できず、抗議をした際には、話なかばで立ち去ろうとする井伊の袴を摑んで離さず、破いてしまったともいわれる。それにより、井伊が倒れるまでは謹慎の身になってしまったのだ。

「我に才略なく我に奇なし。常に衆言を聴きて宜しきところに従ふ」

これは、春嶽が書いた七言絶句『偶作』の書きだしである。その人柄がよくあらわれており、人をまとめるための心得が示されている。のちには「四賢侯などと言われるが、本当の意味で賢侯だったのは斉彬公お一人だ」というふうにも話しているのだから、謙虚な人だったのだろう。

「自ら反みて縮《なお》からずんば　褐寛博《かつかんぱく》と雖も吾惴《おそ》れざらんや　自ら反みて縮かれば　千万人と雖も吾往かん」

『孟子』の中にあるこの一節が座右の銘なのだともいう。
自ら顧みて正しくないとわかれば、相手がどんな者でも恐れるが、自らが正しいなら、千万人の敵でも恐れない——。
心に留めておきたい名言である。

徳川慶喜①

古風な論も、考えようによっては、それほど古めかしいものではないと思う

島津斉彬や松平春嶽が命を賭してまで将軍として担ごうとした一橋慶喜（徳川慶喜）とはどんな人物だったのか？

徳川斉昭の七男として水戸徳川家に生まれ、一橋徳川家の世嗣となるため、養子に入った。

水戸徳川家は、御三家でありながらそれまで将軍を出したことがなかった。しかし、将軍家の身内として扱われる御三卿のひとつである**一橋徳川家**に入ったことで将軍家とのつながりは強くなった。それによって将軍後継者としての有資格者になったといえる。

斉昭が期待していただけでなく、十二代将軍・家慶にも気に入られ、実際に後継者候補に見られはじめた。家慶は十四男十三女をもうけていたが、その子たちは次々と死んでしまい、後継ぎとしては四男の家定しか残らなかった。その家定は、子をつくれそうにないとも見られていたからだ。ただし、やはり敵の多い斉昭の実子だ。反対の声は早くから聞かれていたようだ。

慶喜を主人公とした小説のなかでよく知られているのは**司馬遼太郎『最後の将軍』**だ。慶喜についてはいろいろな見方がされているが、この作品ではかなりの傑物であるうえ個性的な人間だったように描かれている。仕えている小姓が不器用で慶喜の月代を剃ろうとするたびに頭を傷つけても怒らず、「わしが教えてやる」と、小姓の月代を剃ってやる一面も紹介されている。そうかと思えば好色だった、ともある。十七歳で側女をもつと、「ずいぶん、男とはちがう」と体を眺めつくし、その絵を描いて色まで着ける。陰部の絵だと思われるが、それを近習に見せて「みな、こうか」と問うた、ともある。それが事実であるなら、好色というよりは好奇心の塊りだったのだろう。

吉村昭の『**桜田門外ノ変**』は映画化もされた大作だが、小説の中には次のような一幕がある。

斉昭が幕府の使者に対して「備中（堀田正睦）は切腹させよ、ハリスなど首を刎ねてしまえ」と暴言を吐いたことを知り、慶喜が仲裁に入るのだ。慶喜は使者たちに由緒ある能装束を手渡し、能装束としては用がなくても陣羽織などにしてほしいと言って、こう説いたのだという。

「（父の）持論は古めかしく、この能装束と同じように今日の用に立たぬと思っているかも知れぬ。しかし、**この古い装束も陣羽織などに使用できるように、父の古風な激しい論も、考えようによっては、それほど古めかしいものではないと思う。**このことは皆もよく心得て欲しい」

堀田に対しても斉昭にかわって詫びたというのだから、この段階では正しき人だったわけだ。

橋本左内
志なき者は魂なき虫に同じ

島津斉彬のもとでよく動いていたのは西郷隆盛だったように**松平春嶽**のもとで動いていたのが橋本左内だ。藩医の子に生まれ、春嶽に取り立てられた人物だが、その才も行動力も傑出していた。

左内は、春嶽の意を汲み一橋慶喜を将軍に立て、春嶽と徳川斉昭、島津斉彬を国内事務宰相にして、佐賀藩主の鍋島直正《なおまさ》を外国事務宰相に置く構想を立てていた。そのうえで内政改革を進めながらロシアと同盟を結び、貿易と富国強兵を結びつけることを考えていたのだ。大名だけではなく学者や庶民も加えた国家体制の樹立を思い描いていたというのだから時代の先を行っていた。

そうした構想をもって、京の公家などを説いて回っていたのだ。

西郷隆盛は「我、先輩においては藤田東湖に服し、同輩においては橋本左内に服す」と言い、西南戦争で自決するときにも左内からもらった手紙を身につけていたとされる。それだけ西郷は、左内に敬服していたということだ。

左内が十五歳のときに著した『啓発録』の五訓もよく知られている。

「稚心を去る」「気を振るう」「志を立てる」「学に勉める」「交友を択ぶ」がそうだ。

五訓の全文を引けば長くなるが、十五歳の人間が書いたとは思えない内容のもので、ストイックに生きようとした思いが言葉に凝縮されている。その中には次の言葉がある。

「志なき者は魂なき虫に同じ」

「世の中に益友ほど有り難く得難き者はなく候間、一人にてもこれ有らば、何分大切にすべし」

いまの世の中にあっても人生の指標にできる言葉だといえるだろう。それだけ志と友は尊い。

安政の大獄は、政治的な反対派粛清のためのものだったと書いたが、この頃、幕府側から見ればクーデターともとれる動きがあり、それを摘発する意味合いが強かった。

詳しくは「桜田門外の変」の項で記すが、幕府の権威を貶めることにつながる**「戊午《ぼご》の密勅」**に関わった者たちを処分していくことが安政の大獄の主目的だったといっていい。

老中の**間部詮勝**と京都所司代の**酒井忠義**が中心となって、戊午の密勅に関係した人たちを捕えて厳しい取り調べを行ない、死罪や遠島などの処分が下されていったのである。

引退に追い込まれた公家や、捕えられた公家の家臣も多かった。

切腹、打首、獄門、獄死で十四名が命を奪われたほか、百名ほどが処罰されている。

斬罪に処された**頼《らい》三樹三郎**や、獄死した**梅田雲浜《うんぴん》**も、戊午の密勅問題で動いた人たちだ。

「君が代を　おもふ心の　一筋に　我が身ありとも　思はざりけり」

とは雲浜の辞世の句である。

雲浜はどんな拷問にあっても何もしゃべらなかったというが、自らの命より大事なものがあるとの気持ちが強かったのだろう。


左内に話を戻す。

左内は戊午の密勅問題にこそ直接関わっていなかったが、慶喜擁立運動では実務的な部分における中心的存在だった。さすがに見逃されるはずはなく、捕えられて斬首となっている。

左内を描いた小説には**山本周五郎**の**『城中の霜』**（**『日日平安』**所収）がある。左内の生涯を描いた伝記小説とはいえないどころか、生きた左内は登場しない短編だ。刑が執行されたのちに、左内のことが振り返られる。

切腹の際に左内が流したという涙の意味を考えさせる名作である。

この小説を読むと、左内が獄中で詠んだとされる辞世の句が余計に胸を打つ。

漢詩で書かれたものだが、読み下し文とおよその意味は次のようになる。

苦冤、洗ひ難く　恨み禁じ難し

俯すれば則ち悲痛、仰げば則ち吟ず
昨夜城中、霜始めて隕《お》つ
誰か知る、松柏後凋《しょうはくこうちょう》の心

無実の罪はそそぎがたく、痛恨の思いを禁じ得ない。俯せば悲痛の想いがあり、仰げば吟じる。昨夜の城中には、はじめて霜がおちた。誰が我が松柏の操を知らん——。

無実の罪によって受ける苦しみを恨んでいるようにも聞こえるかもしれないが、自分の命を惜しむ未練ではない。松柏後凋という四字は、艱難の中で自分を曲げずに貫いた義の心を意味している。道なかばにして先が閉ざされてしまうことにこそ痛恨の思いがあったに違いない。

左内はまた、こうも言ったという。

人間おのずから用に適するところあり、天下何ぞ為すべき時なからん

人間誰にでも何かしらの役割があり、それを為すべきときは必ずくる——。

そう言った左内が、刑場で最後に目を向けたのは、藩邸の方角だったそうである。

西郷隆盛①
人を相手にせず、天を相手にせよ

西郷隆盛は下級武士の子である。西郷は**島津斉彬**に目をかけられて江戸に出て、庭方役となり傍に仕えた。二十八歳のときになる。そこで藤田東湖や橋本左内とも交流したが、西郷自身、ひとかたならぬ人物だったので、「薩州に西郷あり」とは早いうちから世に知られた。そして一橋慶喜を次期将軍に据えようという斉彬の意志のもとで活動していたのだ。慶喜継嗣のために朝廷へも働きかけていたのだから、安政の大獄ではまっ先に捕えられて処刑されてもおかしくはなかった。

そのため西郷は、戊午の密勅問題で動いていた**月照**という僧とともに錦江湾《きんこうわん》（鹿児島湾）に飛び込み、自殺を図っている。

そこで月照は絶命したが、西郷は蘇生した。その際に薩摩藩は、西郷を死んだことにして奄美大島で潜居させているのだ。これが三十二歳のときである。

三年後には**島津久光**のもとで再び薩摩藩のために働くことになるが、久光の命令に背いたことから徳之島へ流罪となり、さらに沖永良部島へ移される。これが三十六歳のことだ。このときの帰藩は二年後だったように厳しい三十代を送っている。

島での時間を過ごす際、西郷は佐藤一斎という儒学者の語録『言志四録』を携えていた。それを繰り返し読み、自分の心に留まった百一条を選び出している。これが『手抄言志録』である。西郷の『遺訓』とともに**『西郷南洲遺訓』（山田済斎編）**としてまとめられていて文庫本で手に入れられる。まさしく名言のかたまりだ。次の言葉も遺訓のひとつである。

「人を相手にせず、天を相手にせよ。天を相手にして己を盡《つくし》て人を咎めず、我が誠の足らざるを尋ぬべし」

西郷は、このつらい時期に自分というものを練りあげていたといっていいだろう。

ただ、そうはいっても西郷は晩成の人物とはいえない。**池波正太郎**の**『西郷隆盛』**によれば、はじめて西郷の顔を見た斉彬が嘆賞のうめきを発して「世に、このような人の顔があるものか……」といったというほど、若い頃から偉人の風貌をそなえていたのだそうだ。

《鳶色がかった大きな双眸《ひとみ》は、相対するものの眼のちからというちからをみな吸い取ってしまうかのように深々と澄みきっていたそうである》とも書かれている。

肥満のイメージが強いのは晩年の肥胖《ひはん》病のためで、流罪のときに感染したフィラリア症がもとになっているのではないかとも考えられている。

吉田松陰②
至誠にして動かざる者は、いまだこれあらざるなり

あらためて問いたい。吉田松陰とは何者だったのだろうか？

至誠にして動かざる者は、いまだこれあらざるなり

誠意を尽くして動かなかったものなどはかってない――。

孟子の一節から引いたものだが、この言葉を好んでいたことから松陰の代表的な名言のようになっている。信念の人だったには違いないが、その生涯を振り返ると、どうしてそんなことを⁉……と悩まされる部分も多い。

黒船に乗り込もうとして失敗したあとに自首したのはまだわかるにしても、第一の猛である友情のため脱藩するといったことは当時としてはまず考えられない行為だったはずだ。

いよいよわからなくなってくるのは萩に帰ってからだ。

安政の大獄が始まると松陰は、井伊直弼のもとで弾圧や工作に動いていた**間部詮勝の暗殺**を企てた。それに久坂玄瑞や高杉晋作らが反対すると、激しく非難したばかりか絶交を告げている。暗殺のために「死を恐れざる少年三、四人」を探していたというが、それも松陰のイメージには合わない。

そのあたりの疑問については**一坂太郎**氏の**『司馬遼太郎が描かなかった幕末』**を読むと、すとんと腑に落ちる。一坂氏はこう書いているのだ。

《松陰には自分の「正義」にのめり込むや、それを他人に一方的に押し付ける傾向がある。純粋と言うべきか、世間知らずと言うべきか、そうした厄介な子供のような一面もひっくるめて、松陰の魅力が形成されていたはずだ》

個人的には、松陰はひとりっ子でもないのにひとりっ子的だな、と考えていたが、一坂氏のこの評は見事にその特徴を言い当てている。

吉田栄太郎（稔麿）が松陰に関わることで自宅謹慎を命じられた際のやり取りも一坂氏はその例として挙げている。このとき栄太郎は親戚たちから松陰への接触を禁じられ、松陰との距離をとろうとしたが、松陰は、栄太郎が両親のことを考えてそうした行動をとるのは「私情だ」と非難する。そればかりか、栄太郎の魂が抜けて「心死《しんし》」したとして葬儀の真似事までをしたのである。

まるで子供だ。永遠の子供といえば聞こえはいいが、そこで自分自身の家族も含めた周囲の人たちに途方もないまでの迷惑をかけているのが厄介なのである。

ただし、そんな松陰が、親を想わなかったのかといえば、そうではない。

親想ふ　こゝろにまさる親こゝろ　けふの音つれ何ときくらん

死を覚悟した松陰が家族に送った「永訣の書」の中でそう書いている。

親を想う子の心より、子を想う親心がまさっているのは知ってます。この知らせをどんな想いでお聞きになるでしょうか——という嘆きには、それを知るゆえの苦悩がにじみ出ている。松陰はやはり「孝の人」であり、「やさしさの人」だ。

志を立てて以て万事の源と為す。
交りを択《えら》びて以て仁義の行を輔《たす》く。
書を読みて以て聖賢の訓へを稽《かんが》ふ

松陰が遺した「士規七則」を要約するとそうなる。何をおいても志をまっとうしようとしたからこそ、親を悲しませることにつながる行動さえも辞さなかった。だからこそ両親の立場を考えたりすることは「私情だ」とも言えたわけだ。「志の人」である。

では、松陰はどうして安政の大獄で捕えられ、斬首刑に処せられたのか?

梅田雲浜との関係を問われたほか、京の御所で見つかった倒幕について書かれた落とし文が松陰の手によるものではないかと疑われたのだが、それについては取り調べのなかで疑いを晴らすことができている。雲浜とはいちど会ったことがあるだけで、落とし文のことなどは知らないという主張が認められたのだ。それにもかかわらず松陰は……。

「自分がやろうとしていたのはそんなことではなくてこうだ」とばかりに、間部詮勝暗殺を企てていたことを自発的に話したのだ。安政の大獄の犠牲者としてまず松陰の名前が挙げられる場合も多いが、実際のところは本来の粛清の目的とは外れたところで罰せられたのである。〝余計な自白〟をしなければ死罪にならずに済んだ公算も高かったのだ。

「死は好むべきにも非ず、亦、悪《にく》むべきにも非ず、道尽き心安んずる、便《すなわ》ち是れ死所《しにどころ》」

「死して不朽《ふきゅう》の見込みあらばいつでも死ぬべし。生きて大業の見込みあらばいつでも生くべし」

死が近づいているなかにあり、松陰は高杉晋作に宛てた手紙の中にそう書いていた。

また、**司馬遼太郎『竜馬がゆく』**には、松陰が桂小五郎に教えたのはひとつのことだけだったが、それが桂小五郎の一生を決定した、とも書かれている。その教えが次のものだ。

「男子たる者は、自分の人生を一編の詩にすることが大事だ。楠木正成は一行の詩も作らなかったが、かれの人生はそのまま比類のない大詩編ではないか」

松陰がやり遂げられたことはたしかに少なかった。しかし松陰が「大詩編」として存在し、このタイミングで〝幕府に殺された〟ことが長州の志士たちを動かし、歴史を動かしたのである。

「身はたとひ武蔵の野辺に朽ちぬとも　留め置かまし大和魂」

これが松陰の辞世の句だ。

死して神になった人である。

井伊直弼の首一つを奪うためにどれだけ多くの命を道連れにしたのでしょうか

関鉄之介

桜田門外の変というとテロ事件としての印象が強いかもしれないが、少なくても突発的に起きた事件ではなかった。赤穂浪士の討ち入りは、松の廊下の事件から討ち入りまで一年半という時間を要しているが、桜田門外の変もそれに近い。実際のところ、桜田門外の変を起こした水戸藩士たちは、赤穂浪士の事件を研究して彦根藩邸への討ち入りも考えていたという。

襲撃の際の規約の中には「元悪ハ十分討留《いとめ》タリトモ、必ズ首級ヲ揚グベシ」ともある。元悪すなわち**井伊直弼の首**をとることは襲撃の絶対条件になっていたのである。

水戸藩士としては、どうしても井伊直弼を討たないわけにはいかなかった。討たなければならない事情があったともいっていい。

事件の鍵を握るのは、安政の大獄の引き金にもなった「**戊午の密勅**」である。

これは、幕府が勝手に日米修好通商条約に調印したことを「まことに不都合」と非難したうえで、御三家や諸大名の意見を入れながら攘夷を基本とした幕政改革を行なうようにと命じる**孝明天皇の勅書**だ。この勅書が幕府を通さず水戸藩に下賜され、水戸藩ではその写しを諸藩に送った。

幕府としては面目を保つためにもこの勅書を〝なかったこと〟にする必要があったのだ。

それが安政の大獄の核となる部分だ。

安政の大獄では、この戊午の密勅に関わった者を中心に摘発されており、水戸藩士も重い処分を受けている。密勅を届ける役割を負った鵜飼幸吉は獄門刑となり、家老の安島帯刀は切腹させられた。

そうしたなかにあって、桜田門外の変へと向かう動きが出てきたのである。

「井伊掃部頭をはじめ大奸賊を討ち果たす以外にない」

とは**吉村昭**『**桜田門外ノ変**』の中にある**高橋多一郎**の言葉だ。

井伊襲撃は、この高橋と**金子孫二郎**を中心に計画が進められていく。

諸藩の決起を促そうとして西国へと遊説に向かった藩士たちもいた。そのうちの一人が**関鉄之介**だ。最終的に関は、井伊暗殺の実行部隊を指揮することにもなっている。

『桜田門外ノ変』は関を主人公とする物語であり、この本を読めば水戸藩がいかに追いつめられていたかがわかる。幕府の側では期限を設けて密勅の返納を迫り、従わなければ藩が潰されるというところまで事態は切迫していた。水戸藩では、返納はやむなしという空気にもなりかけていたが、反対派は激しく抵抗し、両派は相容れなかった。幕府には返納の猶予を願い出ながらも対立は泥沼化していたのだ。井伊襲撃の計画は止められないどころか、猶予も許されなくなっていた。

この事件において、襲撃に参加したのは水戸藩の脱藩浪士十七名と薩摩藩士一名だったが、この動きに呼応して薩摩藩が挙兵することも事前に計画されていた。

薩摩藩では、井伊のやり方が許せないということから島津斉彬が挙兵をしようとしていながら、斉彬の急死によって計画が頓挫していた。その遺志を継ごうとする「**精忠組（誠忠組）**」と呼ばれる集団が京へ挙兵する「突出」を計画していたのだ。

だが、この頃の薩摩藩には難しい事情もあった。斉彬が急死したあと、久光の長男・茂久（のちの忠義）が藩主になった。そして斉彬と久光の父である斉興が後見となり、斉彬派の粛清を進めたが、斉興も間もなく世を去った。その後は久光が〝国父〟として実権を握っていたのだ。

久光、茂久親子は精忠組の動きを知ると、突出を止めながらも「事変到来の節には斉彬公の遺志を継いで動く」とする論告書を出している。そのため、変があれば動く――と想定されたわけだが、実際には動かなかった。結果として薩摩藩は沈黙したのである。

幕府の側でも、水戸藩に不穏な動きがあることは事前に察知し、高橋、金子、関らをマークしていた。その点においても赤穂浪士の事件と重なる面がある。情報戦が繰り広げられるなかで関らは探索の目をかいくぐって潜伏し、その日を待ったのだ。

「合言葉は正と問えば堂と答える。正々堂々と斬奸するのだから、正、堂だ。よいな」（『桜田門外ノ変』より）

安政七年（１８６０）三月三日。陽暦では三月二十四日になるにもかかわらず雪の降る日に襲撃は実行され、井伊の首を挙げている。季節外れの雪にも助けられたが、相手が警戒していたことを考えれば奇跡的な成功だった。

桜田門外の変はそこで終わらない。関らは襲撃後に京へたどり着き、そこでようやく薩摩藩の挙兵がないことを知る。その後の関は二年近く逃げ続けることになり、やがて捕われ斬首された。

「我らは井伊直弼の首一つを奪うのにどれだけ多くの命を道連れにしたのでしょうか」

映画化された『桜田門外ノ変』の中で関はそう嘆じている。

彼らの死が無駄であったかといえば、そうではない。人の命を奪った是非はともかく、歴史の流れは確実に変わった。井伊の死は二カ月ほど秘匿されたが、九月になると一橋慶喜、松平春嶽の謹慎が解かれた。徳川斉昭こそ直前に急逝していたが、ここから**大政奉還への道筋**ができていく。

映画の中では時間が流れて大政奉還、無血開城がなされて江戸城に入ろうとする**西郷隆盛**が桜田門の前で足を止めて言う。

「ここからでごわす。……あっちゅう間でござった」と。

山内容堂①

亢龍　くびを喪ふ　桜花の門 萬頃の淡海は　犬豚に付せん

赤鬼とも呼ばれて憎まれていた**井伊直弼**だが、彦根藩主になった頃には領民に藩金を配るなどして改革を行なっていた人物でもある。その噂を聞いた吉田松陰は井伊のことを「名君」と評したこともあったというから皮肉な話だ。こうした人物については常に二面性が語られるものだが、大老としての井伊のふるまいを許せないと見る人間はやはり多かった。

土佐藩主の山内豊信（容堂）もその一人だ。豊信は十四代将軍が慶福（家茂）と決まった際、それに抗議するように自ら隠居願いを出している。その後に謹慎処分を受けることにはなるのだが、土佐藩主の座からは自ら降りているのだ。容堂と号したのはそれからのことだ。

容堂は分家に生まれていたが、土佐の十三代藩主、十四代藩主が相次いで急死したことから二十二歳で十五代藩主となった。それでいながら三十三歳で弟に藩主を譲ったのである。

その容堂は、桜田門外の変について、こう詠んでいる。これもやはり元は漢詩だ。

亢竜《こうりゅう》　元《くび》を喪ふ　桜花の門　敗鱗は散り　飛雪となりて　飜る
腥血《せいけつ》は　河の如く　雪も亦赤く　乃祖《だいそ》の赤装《せきそう》　勇の存する無し
汝、地獄に到りて　成佛するや否や　萬頃《ばんけい》の淡海は　犬豚に付せん

のぼりつめた龍が桜田門で首をとられた。雪が激しくひるがえり、生臭い血が流れ、雪は赤く染まった。先祖代々伝わる「赤備え」の勇武などは残されていなかった。汝、地獄に行って成仏できるかどうか。琵琶湖（近江彦根藩）などは犬か豚にでもくれてやれ——。

あまりにもひどい言いようである。だが、この詩を詠んだことで容堂の人気は高まったともいうのだから、井伊の存在を許せないと思っていた人間はそれだけ多かったわけだ。

自ら「鯨海酔侯」と名乗り、常に酒を手放さなかった容堂は、学があり武芸にも秀でていたという。その個性は、幕末にあっても群を抜いている。

桜田門外の変とは関係ないが、**司馬遼太郎**『**酔って候**』の中で描かれている容堂と島津久光のやり取りは愉快だ。かなり先の話になるが、慶応三年（1867）の**四侯会議**で、事あるごとに「厠や行く」と言って大久保一蔵（利通）らの意見を聞きに立つ久光に対して容堂は「消渇《しょうかち》（淋病）か」と問うのだ。そして、その薬になるとばかりに自分の鼻糞を丸めて「これでも服《の》め」と言いかけたところで松平春嶽に止められる。どこまで本当の話か、などと考えるのは野暮である。

咸臨丸渡米　1860

勝海舟②
殺されたって死なずにアメリカへ行かなくちゃあ、日本の男の面が立たねえのだ

桜田門外の変が起きたときに日本を離れていた人たちもいる。勝海舟や福沢諭吉らだ。

井伊直弼が大老になり日米修好通商条約が締結されたのは安政五年（1858）のことだったが、批准書を交換するため**使節団**がアメリカに行くことになったのである。正使は新見正興。アメリカのポーハタン号に乗っていくことが決まったところで、「日本の船で行くべきだ」と主張したのが長崎の海軍伝習所で教監を務めていた勝海舟だった。結局、独自航海にはならなかったが、ポーハタン号を補佐するかたちで日本の船がついていくことになった。これが咸臨丸《かんりんまる》である。

勝海舟が艦長となり、軍艦奉行・木村喜毅《よしたけ》の従者として**福沢諭吉**も乗船している。通訳としては漂流してアメリカに渡ってから帰国していた**ジョン万次郎こと中浜万次郎**もいた。

《「勝麟太郎が、自ら教育した門生を率いてアメリカへ行くのは、日本海軍の名誉である」と主張して、とうとう万延元年の正月に、江戸を出帆することになったのだ》

勝は『**氷川清話**』の中でそう回顧している。

ちなみに麟太郎は幼名（通称）であり、海舟は号だ。安政の大獄後の三月に万延に改元しているが、出帆はそれ以前なので、出帆時点では万延元年ではなく安政七年（１８６０）正月だった。

この航海中には嵐にも遭い、船の損傷もひどかった。

子母沢寛の『**勝海舟**』でもその様子が劇的に描かれている。

「**殺されたって死なずに米利堅へ行かなくちゃあ、日本の男の面が立たねえのだ**」

勝がそう叫び、帆を失うなどしながらもなんとかアメリカ大陸へたどり着いたのだ。

勝が守りたかったのは日本海軍、日本男児のプライドだったのだろう。

『氷川清話』には《幾たびか風雨のために難船しかかったけれども、乗組員いずれもかねて覚悟の上のこと》だったともある。

ようやく浦賀に戻ってきたときのことも『氷川清話』に記されている。

このとき船には捕吏が乗り込んできて、「数日前、井伊大老が桜田門外で殺された事件があった」と伝えられたというのである。そしてこう書いている。

《おれはこのとき、桜田の変があったことを始めて知って、これで幕府はとてもだめだと思ったのさ》

天は人の上に人を造らず人の下に人を造らずといへり

福沢諭吉

福沢諭吉もまた、咸臨丸の航海については、自身の『**福翁自伝**』に書いている。

《三十七日かかってサンフランシスコに着いた。航海中私は身体が丈夫だとみえて怖いと思うたことは一度もない》《勝麟太郎という人は艦長木村の次にいて指揮官であるが、至極船に弱い人で、航海中は病人同様、自分の部屋の外に出ることは出来なかった》

勝もかたなしである。

『**氷川清話**』には、出航当時、《熱病をわずらっていたけれども、畳の上で犬死にをするよりは、同じことなら軍艦の中で死ぬるがましだと思った》ともあるので、よほど体調が悪かったのかもしれない。ただ、どちらの言い分が正しいのかという以前の問題として、福沢と勝の折り合いは悪かったようだ。

のちに福沢は、勝が取り決めする**江戸城の無血開城**について、『**瘠我慢の説**』という書の中で《立国の要素たる瘠我慢の士風を傷《そこな》うたるの責は免かるべからず》と痛烈に非難している。それについて勝は「福沢は学者だから」として、論戦に発展させてはいない。

福沢という人は一途なのだろう。匂いとしては松陰に似たところがある気がしないでもない。

『福翁自伝』は晩年に書かれた自叙伝であり、最近、再評価されているが、やわらかい話も多くてなかなかおもしろい。

《敢えて包み隠さず明白に自首します》と、自らの飲酒歴について語っていたりもする。

《幼少の時から酒が数寄《すき》で、酒のためには有らん限りの悪いことをして随分不養生も犯しました》というのだから、**『学問のすゝめ』**を書いた人というイメージしかなければ、余計に面白いのではないかと思う。

満年齢で二十歳になる前に長崎へ遊学し、「**人の読むものなら横文字でも何でも読みましょう**」と蘭学を学び始めたが、それがこの渡米にも『学問のすゝめ』にも結びついたわけだ。

『学問のすゝめ』は明治五年（1872）に書かれたものだが、「**天は人の上に人を造らず人の下に人を造らずといへり**」という一節は、アメリカの独立宣言をもとにしたものと考えられている。

『福翁自伝』には、やはり**井伊直弼**と**安政の大獄**のことが書かれている。

少し長くなるが、引用しておく。

《大老井伊掃部頭は開国論を唱えた人であるとか開国主義であったとかいうようなことを、世間で吹聴する人もあれば書に著わした者もあるが、開国主義なんて大嘘の皮、何が開国論なものか、存じ掛けもない話だ。井伊掃部頭という人は純粋無雑、申し分のない参河《みかわ》武士だ。江戸の大城炎上のとき、幼君を守護して紅葉山に立退き、周囲に枯れ草の生い繁りたるを見て、非常の最中無用心なりとて、親《みず》から腰の一刀を抜いてその草を切り払い、手に幼君を擁して終夜家外に立ち詰めなりしという話がある。またこの人が京都辺の攘夷論者を捕縛して刑に処したることはあれども、これは攘夷論を悪《にく》むためではない、浮浪の処士が横議して徳川政府の政権を犯すが故にその罪人を殺したのである。これらの事実を見ても、井伊大老は真実間違いもない徳川家の譜代、剛勇無二の忠臣ではあるが、開鎖の議論に至っては、真闇《まっくら》な攘夷家と言うより外に評論はない。ただその徳川が開国であると言うのは、外国交際の衝に当たっているから余儀なくしぶしぶ開国論に従っていただけの話で、一幕《ま》捲《く》って正味の楽屋を見たらば大変な攘夷論だ》

いたって冷静な分析ができていたといっていい。

思想家、教育者として名を馳せている福沢諭吉も、根っこは旗本であり武士である。

第三幕

攘夷と天誅

和宮降嫁　1861

成敗は天なり、死生は命なり、失敗して死すとも、あに後世に恥じん

岩倉具視

桜田門外の変があったのは安政七年（1860）三月だったが、この頃には**尊皇攘夷**を叫ぶ声がいちだんと高まっていた。

この前年から海外との貿易が始められ、国内の経済は打撃を受ける一方になっていた。その苦しみも、朝廷の意向を無視して条約を結んだ幕府への不満につながっていたわけだ。そのうえ幕府の大老が江戸城の前で討たれたのだから権威は失墜したといっていい。

この年の暮れには、薩摩藩浪士がアメリカ総領事ハリスの通訳官**ヒュースケン**を殺害した事件も起きている。それで幕府は多額の賠償金を払うことにもなったのだ。

こうした状況と前後して幕府では朝廷との関係修復をはかろうとしていた。

公武合体を世に知らせるためにも、孝明天皇の妹である**和宮**を将軍・家茂の正室として迎えようと

する「**降嫁**」を願い出たのだ。井伊直弼が進めかけていた策だが、井伊の死後には是が非でも実現させたいと幕府側は考えた。だが、和宮は幼いうちから有栖川宮熾仁《たるひと》親王と婚約していたこともあり、朝廷側からは拒まれ続けた。桜田門外の変のあと、安藤信正が老中首座に就いていたが、それでは役者として弱かったといえる。

そんな中にあって朝廷を降嫁の方向へと動かした役者が、公家側の岩倉具視だった。

幕末において特殊な役割を果たしていくこの公家を主人公にした数少ない小説としては**永井路子**の『**岩倉具視**』がある。小説というより評伝に近い一冊だが、冒頭から《公家と呼ぶにはあまりにもふてぶてしい面構え。刺すような眼光。一癖も二癖もありげだが、いかにも貧相な小男で、人柄がせせこましい》《「お公家さま」ふうの品格が全くないのだ》と描かれている。

家格も低く、「岩亀」「守宮《やもり》」と渾名されているような公家だったのだ。

だが、実の妹である堀河紀子《もとこ》が孝明天皇の後宮に入ったこともあり、岩倉は孝明天皇の傍に仕える侍従となった。紀子は孝明天皇とのあいだで皇女をもうけることにもなったので、岩倉はなおさら孝明天皇の信を厚くした。

朝廷では、和宮の江戸降嫁は敗北であり、人質をとられるようなものではないかという考えが支配的になっていたが、岩倉は逆に降嫁を勧めた。

「これは決して負けではございません」「なぜなら、いま幕府の力が衰えかけております。主上のお力にすがって覇権の維持につとめようと必死になっておりますので」

永井の『岩倉具視』の中で岩倉はそう説いている。ここで降嫁を認めることでは一歩譲ったようなかたちになっても、それによって幕府に恩を売り、幕府に対しては朝廷から条件を出していくようにすればいいという考え方だったのだ。策士というしかないだろう。

幕末や明治維新を動かす影のフィクサーが登場した瞬間だったといっていい。

最初は「尼になっても関東へは行きたくない」と言っていた和宮もやがて拒みきれなくなり、降嫁が実現することになる。

文久元年（１８６１）十一月に江戸に入り、婚礼の儀は翌年二月に行なわれた。御輿入れは八千人規模の大行列となり、その道中は大変な騒ぎになったという。

「惜しましな君と民とのためならば　身は武蔵野の露と消ゆとも」

とは和宮が詠んだ歌だ。

大変な覚悟の降嫁だったわけだが……、和宮と家茂は仲睦まじい夫婦になっていくのだから、男女の仲は、どうなるかわからない。

岩倉はこの御輿入れにも随行し、天皇からの要求を幕府に突きつける役割も果たした。その内容は「攘夷を徹底して**公武一和**を示し、重要な取り決めに際しては朝廷に意見を仰ぐこと」「安政の大獄による罪人をすべて**大赦**すること」というものだ。

慶喜たちはすでに謹慎を解かれていたが、それでもなお面会や文通は禁じられ、政治に口出しはできないようにされていた。ここでその禁が解かれて表舞台に戻っていくことが許されたのだ。

岩倉は、この後もずっと表舞台での活躍を続けるのかといえば、そうではない。尊皇攘夷派が発言権をもつようになると（それについてはまたあとで解説する）、佐幕派とみられた岩倉は排斥される。いったんは朝廷を去り、出家して蟄居することになるのだ。

そして、時代が動きかけたときに岩倉も動く。

薩摩藩の動きに呼応して倒幕の道をつくっていくことになるのである。

「成敗は天なり、死生は命なり、失敗して死すとも豈《あに》後世に恥じんや」

ずいぶん先の話になるが、王政復古の大号令が宣言された頃に岩倉はそう言った。イメージとはだいぶ違うが、名言である。この頃にしてまだまだ先は見えず、ひとつひとつの手を打っていくことが賭けにも近かった。そういう中にあっても岩倉は、失敗を恐れず自分の信念を貫こうとしていたわけだ。ただ単に、機を見るに敏な策士というわけではないということか。

いずれにせよ並みの人物ではない。二度と現われないような守宮《やもり》である。

航海遠略策　1861

君がため身を捨つる命は惜しからでただ思はるる国のゆくすえ

長井雅楽

和宮降嫁への動きと時が重なるが、文久元年（１８６１）に長州藩の長井雅楽《うた》が「**航海遠略策**」を提出したことも大きな転機となっている。

航海遠略策は「通商条約を結んでいても、いまは外国に利益を吸い取られている。だからといって条約破棄ができるわけではない。ここは幕府が朝廷尊崇を示すかたちで国論をひとつにして、天皇の意志として開国を徹底し、国威を高めていくことを考えるべきだ」という内容のものだ。

開国（貿易）と富国強兵を結びつけようとした点で、佐久間象山や橋本左内らの考え方と共通する部分もある。長井は長州藩の重役である直目付で、優秀なエリートだった。長井がこの策を建白すると、長州藩はこれを藩論とすることを決めた。

長州藩主は**毛利敬親**だ。家臣らの意見に対しては「**そうせい**」とそのまま取り入れることが多かったので「そうせい侯」と呼ばれている。そのことは良くも悪くも取れるので、小説などでの描かれ方も作者それぞれだ。聡明な藩主として描かれることはあまりないが、「そうせい」との言葉にも見習うべきところはあるだろう。敬親の「そうせい」は良くも悪くもたびたび歴史を動かした。

航海遠略策を藩論としたことにより、長州藩は幕末の鍵を握る存在となっていく。五月にこの案を朝廷に提出したことから、長州藩はいっきに存在感を大きくしたのだ。一人の藩士の意見が朝廷や幕府を動かそうとしていたわけなので、そのことからも時の情勢が窺える。

航海遠略策は現実主義に立つものといえるが、尊皇攘夷派には受け入れられなかった。同じ長州藩内でも、**久坂玄瑞**らが激しく反発した。詳しくは次項で書くが、尊皇攘夷派は条約破棄の方向性を譲らず、開国案を認めなかったのである。

この頃は、藩も個人も浮き沈みが激しい。

翌年（１８６２）一月には幕府老中であり航海遠略策を支持する安藤信正が水戸浪士に襲撃される「**坂下門外の変**」が起きた。安藤は負傷で済んだが、幕府の権威はさらに失墜して安藤は失脚した。これが和宮降嫁とほぼ重なる。長州藩でも久坂ら尊皇攘夷派が台頭していき、長井は孤立する。そして一年後には切腹を命じられることになるのだ。

「**君がため身を捨つる命は惜しからで　ただ思はるる国のゆくすえ**」

これが長井の辞世の句である。主君のために命を捨てるのは惜しくないが、国の行く末だけが気がかりだ――と言い残して世を去った。長井もまた悲劇の人である。

久坂玄瑞
世のよし悪しはともかくも誠の道を踏むがよい

藩医の三男として生まれた久坂玄瑞は、母、兄、父を次々に亡くして十五歳でひとりきりになった。そこで家を継ぎ、秀三郎という幼名から玄瑞へと名を改めた。**松下村塾**に学び、その才を認められたことから、**吉田松陰の妹、文**を妻としている。

長井雅楽が航海遠略策を掲げたのと同じ頃から頭角をあらわした。長井とぶつかり合っただけでなく、坂本龍馬や西郷隆盛らとも交流をもちながら尊皇攘夷運動の最前線に出ていったのだ。

久坂が激しく長井の論を責めたのは〝松陰を死に追いやった人物〟だと見ていたことが理由のひとつだったとも考えられている。幕府の命令である松陰の江戸送致を藩へ伝えたのが長井だったからだ。それについては役のうえでのことなので、逆恨みだったとはいえる。長井は、松陰の行動主義に対しては「寅次（松陰）は破壊論者なり。国益を起こすの人にあらず」と批判的に見ていたが、松陰を江戸に送らざるを得なくなったことは嘆いていたものと考えられている。

久坂は、徹底的に攘夷にこだわった志士だといえる。

松下村塾に入門する前、松陰と手紙のやり取りをした逸話も有名だ。

まず久坂は、弘安の役（元寇）を例に引きながら「洋夷の使節などは斬ってしまうべきだ」という内容の長文の手紙を送った。その手紙を読んだ松陰は久坂の才を見抜きながらも、久坂を試すように「あなたの議論は浮ついている」と手ひどくやっつける手紙を返した。

二人のやり合いはしばらく続き、最後には久坂が松陰の真意を知ることになる。

古川薫の『**花冠の志士　小説久坂玄瑞**』には、久坂が、安政の大獄で処刑される前の梅田雲浜に会った際のやり取りも描かれている。

そこで久坂は「幕府改革などはなまぬるいと思うちょります」「幕府などはぶっつぶすべきですが、まずは外圧を加えてくる米夷との対決が先であります」と言って雲浜からは「勇ましいな」と返されている。


久坂は多くの歌を詠んだ人でもあり、尊皇の思いを綴った『**御楯武士**』という数え歌も有名だ。

「一つとや、卑《いや》き身なれど武士は、皇御軍《すめみいくさ》の楯《みたて》じゃな、これ御楯じゃな。

二つとや、富士の御山は崩るとも、心岩金《いわがね》砕けやせぬ、これ、砕けやせぬ。

三つとや、御馬の口を取直し、錦の御旗ひらめかせ、これ、ひらめかせ。

四つとや、世のよし悪しはともかくも、誠の道を踏むがよい、踏むがよい。
五つとや、生くも死ぬるも大君の、勅《みこと》のままに随はん、なに、そむくべき。
六つとや、無理なことではないかいな、生きて死ぬるを嫌ふとは、これ、嫌ふとは。
七つとや、なんでも死ぬる程なれば、たぶれ奴ばら打ち倒せ、これ、打ち倒せ。
八つとや、八咫の烏も皇《すめらぎ》の、御軍の先をするじゃもの、なに、をとるべき。
九つとや、今夜も今も知れぬ身ぞ、早く功をたてよかし、これ、おくれるな。
十とや、遠つ神代の國ぶりに、取つて返せよ御楯武士、これ、御楯武士」

このうち「**世のよし悪しはともかくも、誠の道を踏むがよい、踏むがよい**」などは久坂の名言として引かれることが多い。

『花冠の志士』の中で久坂は、航海遠略策がどうして問題なのかをこう説いている。

「長井は、航海遠略策のなかで、攘夷ということは、浅薄な慷慨《こうがい》家の議論であるといいますが、不敬も甚しいといわねばなりません」「帝こそが最大の攘夷家であるちゅうことですよ。すなわち長井は、帝を浅薄な慷慨家であると誹謗しちょるのです。これは必ず問題になる。長州藩がそのような策論を振りまわし、踊ってよいのですか」

孝明天皇が、とにかく攘夷を貫きたい〝外国人嫌い〟であることは世に知られるようになっていた。その一点からいっても航海遠略策は朝廷の意を軽んじるものだと非難したわけだ。

歴史的に見ても長州は、関ケ原以来、倒幕意識の強い藩なので、長井の示す公武合体案はあますぎるという意識も強かったのだろう。久坂は、航海遠略策を非難するだけでなく、攘夷の根本理論を説いた『**解腕痴言**《かいわんちげん》』という具体的な策を書いた意見書も提出していた。

才ある人間だからこそ松陰も認めていたのだ。

土佐の武市半平太に宛てては次のような手紙も書いている。

「諸侯たのむに足らず、公卿たのむに足らず、**草莽**《そうもう》**志士糾合義挙のほかにはとても策これ無き事**」

「**尊藩（土佐藩）も弊藩（長州藩）も滅亡しても大義なれば苦しからず**」

草莽とは志を持った在野の人のことだ。世の中を変えるには草莽が立つしかないという「**草莽崛起論**」は松陰がさかんに説いていたものだ。

久坂は師である松陰の教えを大切にして最後まで尊皇攘夷を貫いた人だといえる。

ただし、松陰の妹の文を妻とするかどうかではずいぶん迷ったようだ。

『花冠の志士』ではその理由をこう口にしている。

「文さんは、不別嬪でしょう。**嫁にするなら、美しい人をと**、これは前々から考えちょったことであります」

けだし名言である。男の夢というものをひと言であらわしている。

寺田屋騒動　1862

島津久光
「わしはいつ将軍になれるのか」

桜田門外の変における水戸浪士の動きに合わせては兵を動かさなかった薩摩藩の〝国父〟島津久光は、その二年後となる文久二年（1862）四月に兵を率いて上洛した。**坂下門外の変**があり、**航海遠略策**が支持を失った頃と時期が重なる。斉彬の遺志を継ぐ上洛であり、**公武合体策と幕政改革の推進**が久光の目的だったが、その部分で藩内の見解は統一されていなかった。

海音寺潮五郎の『**寺田屋騒動**』では、**西郷隆盛**が久光に対して、斉彬が挙兵しようとした頃とは時勢が違うと説こうとする場面がある。

そこで西郷は「(斉彬公は) 天下の人が皆その御賢明を仰ぎ、天下の望みの集まっているお方」だったのに対し、久光は有力な諸侯たちとの交際もない「地ゴロ」だとまで言ってしまっている。地ゴロとは「田舎もの」という意味の薩摩方言なので、さすがにこれは言いすぎである。

この後、西郷は久光の上洛に先発して下関に入ったが、その先、独断で動いたことを咎められて遠島に処せられる。西郷にとってはこれが二度目の雌伏の時となる。

どうして久光がこのタイミングでの上洛を決めたかという真意は読みにくい面もある。ひとついえるのは久光がかなりの野心家であったには違いないということだ。

ずいぶん話を先に飛ばすが、**戊辰戦争のあと**に「**わしはいつ将軍になれるのか**」と言ったともされる。久光という人をあらわすための俗説だと見る向きもあるが、この言葉はかなり浸透している。


この後の久光の動きだけを先に記しておくと、上洛して幕政改革案を朝廷に提出したあと、藩内の過激派を粛清するために「**寺田屋事件**」を起こし(同年四月)、その後に江戸へ入る。

久光の提案がとおるかたちで一橋慶喜が将軍後見職となり、松平春嶽が政事総裁職に就くと(同年七月)、帰藩の途につく。

その際には、江戸から京へ向かう途中で、行列に乱入したということからイギリス人を殺傷する「**生麦事件**」を起こしている(同年八月)。

久光を主人公に据えた**司馬遼太郎**の『**きつね馬**』(『**酔って候**』所収)によれば、そんな生麦事件も京では称えられたようで、久光は「大仕事をやった、大仕事をやった」とご機嫌になる。それで**大久保一蔵(利通)**には「大仕事とはなんのことじゃい」とあきれられるのだ。

このときの久光はいろんな意味で世の中をかき回しており、それぞれの事件が後を引いていく。

大久保利通

おのれの志を世に実現しようとすれば、

権力者にとり入らねばならぬ

幕末を描いた時代小説などでは最初から「一蔵（市蔵）」とされていることが多いが、一蔵は島津久光から賜った名で、それまでの通称は正助だった。さらに慶応元年（1865）に利通と名を変えており、一般的には大久保利通で知られる。

下級藩士の家に生まれた大久保は、学問で優秀だったこともあり、早いうちから役を得ていた。とくに島津斉彬が藩主となってからは**西郷隆盛**とともに徒目付となり活躍が目立った。

好人物として描かれる場合が少ないのは、斉彬が亡くなったあと、うまく**島津久光**に取り入ったことと、非情の決断をすることが多い点が強調されているからだろう。

久光が囲碁を好きだったことから囲碁を通じて接近していったという逸話も有名である。

司馬遼太郎『**きつね馬**』では、維新後に大久保が、官を得たいと考えてやってきた福地源一郎（福地桜痴）に対してこう言う場面がある。

「**おのれの志を世に実現しようとすれば、権力者にとり入らねばならぬ。志さえ高ければ、それを恥とすべきではない**。自分は往昔、藩父の久光公に取り入り、自在に志をのべた。君も、もし世に展べるほどの志があるのなら、まずおれに取り入れ」

池波正太郎『西郷隆盛』でも大久保は、「久光公に取入らねば、われわれの素志をつらぬくことな、出来もはん」と言っている。

多かれ少なかれそういう考え方をしていた人物だったのだろう。志の高さが前提になるが、それもまた生き方のひとつだとはいえるはずだ。

大久保の目的は、自分が出世することや権力を得ることにあったわけではない。西郷を藩政に戻すためにも尽力していた。そのため嫌な役を引き受けていたという見方もできる。

久光の上洛時、西郷が久光を怒らせたことから捕縛令が出されたときには、「一緒に死にもっそ」と西郷を誘ったともいう。

のちには「**自分ほど西郷を知っている者はいない**」とも振り返っているが、そんな言葉を口にできる大久保がいなければ、西郷は歴史の中であれだけの役割を果たせなかったには違いない。

時間を遡るが……。桜田門外の変のあと、**関鉄之介**は水俣までやってきて、あらためて薩摩藩の突出を求めていた。そこで再び突出に動きかけた意見をいさめたのも大久保だった。

突出しなければ鉄之介を見殺しにすることになってしまうという声があがると、大久保はこう言ったのだという。

「やむを得んことでごわす。見殺しにするのでごわす。関殿だけではごわはん。なお色々な人が来るじゃろうが、いたし方はごわはん。いずれも見殺しにするのでごわす。**男子たるものが大事をなすにあたっては、小さな義理は捨てんければならん場合のあることは、おはん方も知っておじゃろう。今がその時でごわすぞ**」

海音寺潮五郎の『**寺田屋騒動**』では、薩摩藩士・高崎五六の追憶談としてこの言葉が紹介されている。追憶談というのだから、およそこうしたことを話していたのだろう。そのときの大久保は、たじろぐことなくそう言ったそうなので、怜悧な人間とみなされても仕方がない。

このような側面が西郷とくらべられ、大久保の人気を落とすことにもつながっているわけだ。

ただ、こうした人物がいなければ、大事が成されなかったにも違いない。

「**今日のままにして瓦解せんよりは、むしろ大英断に出て、瓦解いたしたらんにしかず**」

この言葉も大久保のものとしてよく知られる。

これは明治維新の頃の言葉だ。何もやらずにダメになるよりは、やってダメになったほうがいいということなので、「Go for broke」の発想に近い。

大久保の名言としては、他に……。

「この難を逃げ候こと本懐にあらず」

「彼は彼、我は我でいこうよ」

などがよく挙げられる。

大久保が「彼は彼、我は我でいこうよ」と言ったというのもなかなか味わい深い。人にどう見られるかといったことは気にしないで、あくまで自分を貫けた人物だからこそ口にできた言葉だともいえようか。

明治十一年（１８７８）五月十四日、大久保は紀尾井坂で暗殺される。享年四十九。最後まで誤解される部分が多かったからこその結末といえるかもしれない。

大久保は、まったく私財を蓄えようとせず、死後にも財産はなく、知人から借りていた負債が数千円あることがわかった。もちろん、いまとは円の価値がまったく違い、それなりの金額になる。公共事業などにまで私財を投じていたからこそ残された借金だったという。

有馬新七

天下を震動させ、潔く死にさえすれば、感憤して続いて立つ者が必ずあるはずでごわす

文久二年（1862）四月、**島津久光**が上洛して「寺田屋事件（寺田屋騒動）」が起きるが、これはどのような事件なのか?

尊皇攘夷派は、久光の挙兵を倒幕のためだと捉えてよろこんだが、久光にその意志はなく、公武合体と幕政改革を目指したものだった。そこでの考え方の違いが事件の発端になる。

久光の考えに失望した薩摩藩の過激派は、佐幕派といえる関白・九条尚忠と京都所司代・酒井忠義を襲撃する計画を立てたのだ。先に動いてしまうことにより、久光も討幕に動かざるを得なくしようとしたわけだ。この動きを知った久光は、その計画に携わっている者たちを自分のもとに連れてくるようにと言って、尊皇攘夷派が結集していた伏見の船宿・寺田屋に藩士を送り出した。

説得に従わないときは「上意討ち」にすることも言い含めていた。

要するに、藩内の過激な尊皇攘夷派を一掃する指示を出したようなものだったのだ。

その結果として、寺田屋にいた尊皇攘夷派が八人、討手が一人死ぬことになる血まみれの戦いが繰り広げられる。これが寺田屋事件あるいは寺田屋騒動と呼ばれている。

この事件の悲劇性は、薩摩藩の仲間同士の殺し合いになったことにある。

最初から必ず上意討ちにするということではなく、できれば説得することを前提にしていたので、討手には寺田屋にいた尊皇攘夷派と親しい者たちが選ばれていたのだ。

海音寺潮五郎の『**寺田屋騒動**』ではまず、「わしらは、おはん（柴山愛次郎）と有馬新七サアと、田中謙助サア、橋口壮助サアの四君に用談があってまかり越しもした」「御用談とあれば、お会いせんわけにはいかんな」という掛け合いが描かれている。互いをよく知る者同士のやり取りだ。そこからいきなり討手が「上意！」と田中に斬りつけ、額が割られ眼球が飛び出してしまうのだ。

斬られたあとの**橋口壮助**が、討手の一人である奈良原幸五郎に対してこう言う場面もある。

「**おいどんらが死んでも、おはんらがいる。天下のことは、これからおはんらに頼むぞ**」

そのまま息を引き取るのだから壮絶である。仲間同士にそうした斬り合いをさせたのが久光だったわけだ。

この事件前には大久保利通らによる説得もあったが、有馬らは従わなかった。大久保を帰したあとには次のように言っていたのだから、最初から死ぬ覚悟はできていたのがわかる。

「我々の志は功業にはないはず。天下に魁《さきが》けて、いわば源三位頼政の挙をなすのでごわす。それをやって、天下を震動させ、潔く死にさえすれば、感憤して続いて立つ者が必ずあるはずでごわす。時は熟し切っています」（『寺田屋騒動』より）

久光の無情すぎる仕打ちはなおも続く。**田中河内介**など、薩摩藩ではなくこの件に関わった者のなかには投降した者も多かった。その者たちを薩摩藩で預かると言って船に乗せておきながら、航海中に殺して海へ投げ捨てさせたのだ。

殺される側だけでなく殺す側もつらい。

その命を受けた藩士たちは拒みたくても拒めなかった。田中河内介を殺した藩士などはその後に気がふれて廃人のようになったともいわれる。

一般に「寺田屋事件」と呼ばれる騒動は、もうひとつあるのでややこしい。

慶応二年（１８６６）に**坂本龍馬**が襲撃されながら命は助かった事件である。

お登勢という女将が世話好きだったことも関係するのか、寺田屋は薩摩藩の定宿になっていた船宿であり、龍馬もよくここを使うようになっていた。龍馬の妻**おりょう**も、龍馬と出会ったあと、お登勢の養女として寺田屋に預けられていた。

寺田屋事件では、お風呂に入っていたおりょうが襲撃に気づいて、裸のまま二階に駆け上がったことにより龍馬の命が助かったというエピソードがよく語られる。

この件についてで実際はどうだったのか？

『**わが夫　坂本龍馬**』の中で〝当の本人〟であるおりょうは次のように振り返っている——。

おりょうが風呂に入っていたときに風呂の外から肩先へ槍が突き出されたので、それを手でつかんだのが始まりだったという。そこでおりょうは二階に聞こえるように「女が風呂へ入っているに、槍で突くなんか誰だ、誰だ」と大声を出した。その後には《庭へ飛び下りて、濡れ肌に袷《あわせ》を一枚引っかけた》とある。

そして、捕り手たちに対しては「表からお上がりなさい」と言って、自分は《裏の秘密梯子》から駆けあがり、「捕り手が来ました。ご油断はなりませぬ」と伝えたのだそうだ。この段階でおりょうは真っ裸ではないわけだが、一般に語られるなりゆきと大きな差はないといえようか。

その後、龍馬は捕り手たちを相手に奮闘する。その様子をおりょうが傍で見ていると、龍馬は「**まごまごするな、邪魔になる。坐って見ておれ**」と言って、戦い続けたという。

それでおりょうは本当に龍馬の傍でしゃがんで見ていたというのだから小説やドラマ以上に龍馬が格好良く感じられる場面だ。

このようなふたつの争いがあったのだから、寺田屋は大変な船宿である。その寺田屋は、鳥羽伏見の戦いで焼失してしまい、いまは再建された建物が観光名所となっている。

千鈞の身、同じ死ぬにも犬死となって倒れたくはない

武市半平太

寺田屋事件が京を震撼させたあと、島津久光が江戸に向かったということは先にも書いている。その際、一橋慶喜を将軍後見職につけるなど、自分の意見を通したわけだ。その後、生麦事件を起こしながら京に引き上げてきたが、そのあいだにも京の情勢はまた変わっていた。

航海遠略策を取り下げて尊皇攘夷論を唱えるようになっていた長州藩が再び朝廷と結びつき、発言力をもつようになっていたのだ。この動きの中心になっていたのが久坂玄瑞や桂小五郎であり、公武合体派の岩倉具視らを排斥している。

大逆転はめまぐるしく起きていたということだ。

薩摩や長州が朝廷や幕府を相手に立ちまわっていたことにくらべれば、土佐の動きは小さかったといえる。だが、土佐からはこの時期、武市半平太らが出ている。号が瑞山で、半平太は通称だ。白札

の家の長男であり、土佐では身分が低かった。

土佐では「上士」と「下士」の身分差がはっきりしていた。

完全に線引きされるわけではないが、関ケ原のあとに土佐にやってきた「山内侍」が上士、それ以前の旧領主である長宗我部の流れを汲む「長宗我部侍」が下士と分割される場合が多い。

下士のなかにもいくつかの身分があり、そのうちでは高い身分が郷士で、坂本龍馬もここに入る。下士のなかでは高いといっても、扱いは上士とはまったく違った。

武市の家である白札は「下士の最上位」とも「準上士」ともいわれる。上士と下士のあいだに入る存在だ。武市の家はもともと豪農で、武市の祖が郷士から白札へと取り立てられたのだ。

そんな家に生まれた武市は、学問と剣術の双方にすぐれていた。土佐でも武市を慕う者は多く、安政三年（１８５６）に江戸へ出てからは長州や薩摩の志士らとも交流していた。

文久元年（１８６１）八月には「**土佐勤王党**」を結成している。航海遠略策が朝廷と幕府に取り入れられようとしていた頃だ。

この頃の土佐藩では、参政である**吉田東洋**の開国論、公武合体論が藩論になっていた。

そういうなかで武市は、東洋に尊皇攘夷論を説こうとしていたのだ。長州藩における長井と久坂の対立構造にも似ているが、武市は本来、東洋にものをいえる身分ではなかった。

武市と東洋が対面する様子は**司馬遼太郎**の『**土佐の夜雨**』（『**幕末**』所収）の中でも描かれている。この頃の武市は、土佐藩の上層部からは「天皇狂い」と呼ばれて軽んじられていたが、東洋は「これは瑞山先生」「あんたは詩人だ」と武市を迎える。こうしたあしらい方ひとつをとってもわかるように東洋も怪物的人物だ。『土佐の夜雨』では、武市に対してこう説いている。

「**武士には恩義というものがある。わが山内家は、関ケ原の功によって遠州掛川の小大名から土佐一国を徳川家から拝領した。この事情は、関ケ原で負けて減封された長州藩や、減封されぬまでも敗北の屈辱を負った薩摩藩とは、同日には論じられぬ**。あの二藩はもともと徳川家へ怨みを抱いて二百数十年をすごしてきたのだ。たまたま、こういう時勢になったから、にわかに尊王倒幕などと申して報復しようとしている。わしは参政として、そういう連中には加担できぬ」

この東洋の言葉に限らず、土佐藩では「関ケ原の恩」があるので「長州や薩摩とは違う」という考え方が根強かったようだ。そのことは、のちに山内容堂が大政奉還の建白書を出したことや小御所会議で徳川将軍家を守ろうとしたことにもつながる。しかし、長宗我部の流れを汲む武市らとすれば、関ケ原のことを持ち出されるのは侮蔑であり挑戦ということになる。

寺田屋の変があった文久二年（1862）から、京では**「天誅」「斬奸」と称する攘夷派の暗殺行為**が盛んになっていき、それらの事件のいくつかには武市も関わっていくことになるが、ここで武市はまず**東洋暗殺**に踏み切った。それが文久二年四月のことだ。武市自身は直接、手を下していないが、土佐勤王党の**那須信吾**らに東洋を襲撃させた。それにより東洋は命を落とした。

東洋の一派はすぐに武市らを疑ったが、土佐藩内には東洋派と対立する勢力もあった。

結局、東洋派が一掃され、その対抗勢力が藩内で力をもつようになったので、土佐勤王党も藩内で発言力を得ることになる。この後の武市は土佐藩主・豊範を上洛させて国事周旋の勅命を受けるように働くなど、土佐藩の最前線で活動している。そうしたなかにあり異例といえる上士格への昇進も遂げていたが……、ここでまた大逆転が起こる。

文久三年（1863）に謹慎が解かれて帰藩した容堂は、いきなり**土佐勤王党の大弾圧**に乗り出したのだ。そして武市も投獄され、やがて切腹している。最期を迎えるのは少し先で、慶応元年（1865）のことになる。長い入牢のために体が衰弱して下痢もひどく、座ることもできない状態になっていながら、「三文字割腹の法」という方式に則り、見事な切腹を果したという。

「千鈞《きん》の身、同じ死ぬにも犬死となって倒れたくはない」

那須信吾の甥である**田中光顕**の『**維新風雲回顧録**』の中には武市が言ったというこの言葉が紹介されている。話は遡るが、和宮降嫁の際、武市や久坂、桂らが集まっていたなかで非常手段（襲撃）に打って出ての和宮奪回案が出されたのだという。そのとき武市がこう言って、捨て身の策に出ることには反対したのだそうだ。

あまり知られていない言葉だが、武市という人間をよくあらわしているといえる。武市は本来、勢いだけでは動かない冷静な男だったわけだ。

吉田東洋
屁ではない。糞が咆えたのじゃ

怪物・吉田東洋はどんな男だったのか?

とにかく気が短い人間だったようだ。**司馬遼太郎**の『**土佐の夜雨**』には、酒宴の席で東洋が酔った旗本に頭を叩かれたことから切れてしまう逸話が紹介されている。その旗本をいきなり投げ飛ばすと馬乗りになり、頭蓋が割れるのではないかというほど殴り続けたというのだ。

それでいったんは謹慎となっているが、再び以前の地位に戻っている。

山内容堂はとにかく東洋を高く買っていたようで、藩政改革を任せただけではなく、自らも東洋を「先生」と呼び、師事していたのだという。

東洋に対する評価は難しいところもあるが、富国強兵を唱え、海防配備を実施して殖産興業の展開に尽力したほか、教育制度の改革も行なっている。**後藤象二郎**や**乾退助**(**板垣退助**)らを重く用いたので、そのことは明治維新にまでつながっていく。

『土佐の夜雨』では、東洋を暗殺する**那須信吾**が武市半平太より先に東洋に会いにいく場面がある。那須が郷士であることを考えれば、本来、面会は許されないが、それが許されたのだ。ただし、庭に敷いたムシロに那須を座らせたように罪人のように扱った。

そして那須が〝下目付らしき人間が自分の身辺を探っているように見えるが、実際はどうなのかを聞きたい〟と訪問の目的を告げると、そんなことか、と東洋は興味を失う。

「知らぬ」「いやしくも、わしは土佐一国の仕置をする身である。そちがごとき軽格卑賤の士の行儀までいちいち探索すると思うか」と言い捨て、立ち去り際には屁まで放つのだ。それには那須も怒り、礼を欠いた態度だと咎めたが、東洋は那須のほうを見ることもなくこう言い放つ。

「**屁ではない。糞が咆《ほ》えたのじゃ**」

力のある人間は何をしても許される――。

東洋はただ短気なだけでなく、そうした考え方をしていた人間なのだろう。

こうした側面だけを捉えていうなら、暗殺されても仕方がない部分もあったのかもしれない。那須らに暗殺されたあと、東洋の首は、暗殺者の一人である大石団蔵のふんどしに包まれて運ばれ、河原にさらされた。

このときから山内容堂は、土佐勤王党への怒りを蓄えていたものと考えられる。

土佐勤王党

岩崎弥太郎
世の中は金で動いている。詩文や剣では動いちょらん

「屁ではない。糞が咆えたのじゃ」

吉田東洋がそう言ったとき、その傍にいて「なるほど、吉田様の糞が叫《おら》びなさったか」と感心していたのが岩崎弥太郎だ。もちろん、先に挙げた**『土佐の夜雨』**の作中でのことだが、那須信吾の身辺を探っていたのも弥太郎だった。

岩崎弥太郎は**三菱財閥の創業者**である。

下士よりなお地位が低い地下《じげ》浪人（郷士の資格を売ってしまっていた家）の出になる。

父親が庄屋と喧嘩して投獄された際には「**官は賄賂をもってなり、獄は愛憎によって決す**」と抗議したことから自身も投獄されている。

その際、同じ房にいた商人から算術と商法の道を学んだといわれる。

出獄後、東洋のもとで下目付として働くことになり、東洋が暗殺されたあとには犯人探索の任にも

就いていた。その後、土佐藩の経済官僚といえる役割に就き、長崎で奮戦して才をあらわし、三菱を立ち上げ海運業界に打って出た。経済界における秀吉のような立身出世の人である。

司馬遼太郎『竜馬がゆく』では、弥太郎が投獄されていたとき、**坂本龍馬**が会いにいく場面が描かれている。そこで弥太郎は、龍馬に対してこう語る。

「**世の中は金で動いている。詩文や剣では動いちょらん。わしは将来日本中の金銀をかきあつめて見するぞ**」

獄中の弥太郎が同房の商人から商法などを学んだことは事実のようだが、そこに龍馬が訪ねていったことも事実かといえば……、さて、どうだろうか? そのエピソード自体はともかく、龍馬と弥太郎がここから織りなしていくコントラストは龍馬を描く物語のひとつの軸になっていく。

「**創業は大胆に守勢には小心なれ**」

この言葉が遺訓とされるほか、岩崎弥太郎が残したとされる名言は多い。

「**小僧に頭を下げると思うから情けないのだ。金に頭を下げるのだ**」

「**自信は成事の秘訣であるが、空想は敗事の源泉である**」

「**機会は魚群と同じだ。はまったからといって網を作ろうとするのでは間に合わぬ**」

一代で財を成す人間はやはり違う。

「天誅」の流行　1862〜

わしは人間か

岡田以蔵

「天誅」「斬奸」という名目の暗殺行為が横行したのは文久二年（1862）からだ。

九条家の家臣である島田左近を殺してその首を四条河原にさらしたのが最初の大きな事件として挙げられる。これが七月のことだ。こうした天誅では主に開国派、公武合体派が狙われた。攘夷論者であっても他の攘夷論者からよく思われていなかった本間精一郎も八月に惨殺されている。安政の大獄で志士を弾圧した目明しの文吉も八月に殺され、その死体は三条河原にさらされた。

こうした凶行を繰り返した〝人斬り〟としては、薩摩の**田中新兵衛**や土佐の**岡田以蔵**の名が知られる。武市半平太は、田中新兵衛や以蔵を使って本間精一郎や目明し文吉の暗殺に関わっていたと見られている。天誅を指揮していた黒幕という一面をもっていたのだ。

こうした事件は増え続け、翌年一月にはとくにむごいことで知られる「**賀川《かがわ》肇《はじめ》暗殺事件**」があった。賀川は公武合体派の公家・千種有文の家臣であり、安政の大獄にも関わっていた人物だ。その賀川の宅には数人で押し込み、家族の前で惨殺している。最初は邸内に賀川が見つからなかったので賀川の子を殺そうとすると、「自分を斬れ」と慌てて賀川が出てきたのだといわれる。その賀川の両腕は斬られ、片腕ずつ千種家と岩倉具視のもとへと届けられた。首は、奉書紙に包んで、入洛したばかりの一橋慶喜が泊まっていた東本願寺に届けられた。そこには「攘夷の血祭り、お祝いとして進覧奉り候」と書かれていた。

犯人は定かではないが、田中新兵衛だとも考えられていて以蔵が加わっていたともいわれる。

こうした中にあっては以蔵と**勝海舟**をめぐる物語も展開されている。

この話はまず**坂本龍馬**から始まる。龍馬が千葉重太郎とともに、軍艦奉行並になっていた勝海舟の暗殺に行き、「そんなことをしている場合か！　開国がいかに大事なことかわからないか」と諭されたというのは有名な逸話だ。

ただし、このとき龍馬が本当に勝を斬るつもりだったかというと、一概にはそういえない。

勝は『**追賛一話**』の中で龍馬が千葉重太郎とともに氷川に訪ねてきたときのことを振り返り、龍馬がこう言ったと書いている。

「今宵の事ひそかに期する所あり。**もし公の説明如何によりては敢て公を刺さんと決したり。今や公の説を聴き大いに余の固陋《ころう》を恥づ。請ふ、これよりして公の門下生とならん**」

この記述が世に知られる逸話の元になったものだ。たしかに「説明によっては刺すつもりだった」

と言っているが、龍馬は松平春嶽の紹介状を持って勝に会いに行ったのだ。実際は殺すつもりなどはなかったと考えられる。

だが、ここで龍馬が勝に惚れ込み、門下生となることで人生が一変したのは間違いない。

この後に龍馬は、同郷の以蔵を勝の護衛として付けている。

人斬りが護衛になるというのもおかしな話だ。

勝は『**氷川清話**』の中で以蔵と歩いているときに三人の壮士に襲われ、以蔵がそのうちの一人を真っ二つに斬ったことも書いている。

以蔵に対して勝は「**君は人を殺すことをたしなんではいけない**、先日のような挙動《ふるまい》は改めたがよかろう」と忠告したが、以蔵からは「先生。それでもあのとき私がいなかったら、先生の首は既に飛んでしまっていましょう」と返されたのだそうだ。

そんな以蔵は、土佐を語るうえでは外せない人物だ。東洋暗殺の犯人を探索していた下横目も殺しているので、少し間違えばこの段階で岩崎弥太郎を殺していた可能性もあった。

また、土佐勤王党の者たちが捕えられ、拷問にかけられたときには、以蔵が知っていることや自分でやったことを話してしまわないかが焦点になっていた。厳しい拷問を受け続けた以蔵は、「痛いよう、痛いよう」と泣き叫びながらも長く口を割らずにいたが、最後にはすべてを話してしまう。それが土佐勤王党の崩壊を招き、武市の切腹につながる。

自白した以蔵自身は打ち首、晒し首となっている。
このときの獄中では、以蔵に天祥丸と呼ばれる毒薬を差し入れして、拷問から解放すると同時に口封じをすることが考えられていた。それに武市が最後まで反対したため実行されなかったともいわれているが、**司馬遼太郎**の『**人斬り以蔵**』ではそこが少々異なる。最初に差し入れされた天祥丸入りの弁当を食べても以蔵は死なず、次にそのままの天祥丸を差し入れされたことで以蔵は武市の考えを知る。それによって自白に及んだように描かれているのだ。

「**わしは人間か**」

土佐へ送檻される際には駕籠の中でそうわめいていたとも『人斬り以蔵』には書かれている。
人斬りと呼ばれた男が口にするにはあまりにも切ない言葉だ。

「**君が為　尽くす心は　水の泡　消えにし後は　澄み渡る空**」

これが辞世の句とされている。
悔しさが滲み出ているが、以蔵の心が空のように澄み渡ることはあったのだろうか。

どうか昨晩のことは、坂本氏へ内証にして下さい

中村半次郎

田中新兵衛、岡田以蔵に、中村半次郎と河上彦斎を加えて「四大人斬り」とも括られる。

ただ、このうち半次郎と彦斎の場合は、人斬りの意味合いが少し異なる。

とくに半次郎はのちに**桐野利秋**と名を変えて陸軍高官になっている。**西南戦争**を起こした中心人物でもある。最後まで西郷隆盛と行動をともにしたうえ銃弾に倒れた。

半次郎の場合、岡田以蔵のような〝天誅〟を繰り返していたわけではない。

人を斬ったこともあるにはあるが、剣技にすぐれていたことから周りに恐れられていた面が強かった。新撰組の中では「中村半次郎だけは相手にするな」と言われていたとされる。

池波正太郎の『**人斬り半次郎　幕末編**』に描かれる半次郎は「**今に見ちょれ!!**」を口ぐせにしていて、「**俺は、この腕一本で、きっと身を立てて見せもすぞ、母さアー**」と叫んでいるような人間味あふれる人物だ。

実際の半次郎は、坂本龍馬が襲われた寺田屋事件のあとには龍馬をよく見舞っていたともいわれる。長州の志士たちとの交流もあったし、勝海舟にも「さすがに眼がある」と評価されている。

『わが夫　坂本龍馬』では、半次郎が寺田屋に泊まりにきたときのことが振り返られている。半次郎が酔っていたため、女中たちが困っていたなか、**おりょう**はその場にずかずか乗り込んでいき、手酌で五、六盃の酒を飲みほしたあと、無言で半次郎に盃を突きだしたのだという。男勝りのおりょうの威圧行為だったが、半次郎はそれを気に入ったのだろう。夜更けまで一緒に飲んだあと、おりょうたちが引き上げていこうとすると、「こら、貴様は今夜は俺の寝室へ来て寝ろ」と言ったのだという。その後、「冗談言っちゃいけませんよ」と返すおりょうと言い合って別れたあと、一緒にいた仲間から「ありゃぁ土州の坂本の妻だ」と教えられる。

それでびっくりした半次郎は翌日、おりょうにこう言ったのだそうだ。

「どうか昨晩のことは、坂本氏へ内証にして下さい」

人斬りという虚名とはかけ離れた〝素顔〟が窺える名言である。池波が描く半次郎ともイメージが重なるが、いまの世の中に生きる人間が口にしてもおかしくない台詞といえる。

幕末におけるそんな日常が垣間見られる『わが夫　坂本龍馬』はありがたい一冊だ。

豪傑が何人死んだって、なに、代りの豪傑はすぐに出て来る

河上彦斎

佐久間象山は、松陰の密航未遂事件のあと、伝馬町牢屋敷に入れられ、さらに故郷・松代での蟄居生活が長く続いていたが、文久二年（1862）に赦免されている。そして、元治元年（1864）に慶喜に招かれて上洛した際に暗殺されるが、それをやったのが河上彦斎だ。

彦斎は熊本藩士だったが、長州藩との関わりが深く、長州軍の戦いに加わることも多かった。象山を殺したのも攘夷の信念が強かったからであり、ただの人斬りとはいえない。攘夷をめぐる考えの違いから高杉晋作に向かって捨て台詞を吐き、長州を離れた人物である。**和月伸宏**の『**るろうに剣心**』の主人公である〝人斬り抜刀斎〟緋村剣心のモデルだともいわれる。

山田風太郎の『**おれは不知火**』は、象山の子である佐久間恪二郎《かくじろう》が敵討ちとして河上彦斎を追う作品だが、元の題名が「河上彦斎」だったように彦斎という人物がよく描かれている。

その中ではこんな逸話が紹介されている。若い頃の彦斎が京で同志たちと酒を飲んでいたとき、ある幕吏の暴虐ぶりの話になったのだという。柱にもたれてその話を聞いていた彦斎の姿がいつの間にか見えなくなったと思うと、その幕吏の首を手にして戻ってきたのだ。そして、その首をごろりと転がした彦斎は「この肴で、もう少し飲もう」と言ったのだそうだ。この記述に関していえば、やはり人斬りだ。

しかしその一方、『おれは不知火』の中では、次のような彦斎の言葉も紹介されている。

「大将たる者は喜怒によって賞罰するなというが、喜べば兵を賞し、怒れば罰してかまわない。それでこそ三軍の士は将の命に従うものだ。しょせん、戦争は人間のやることだ」

「世に、君、国家のために自愛せよ、などよくいうが、うぬぼれるのもいい加減にするがよい。豪傑が何人死んだって、なに、代りの豪傑はすぐに出て来る。死ぬときは、心配せんで死ぬがいい」

さまざまな場所で戦い、将の立場になった経験もあるからこその言葉だ。並みの人物ではない。

そして、敵討ちのためにやって来た恪二郎に対してはこう話す。

「斬るがいい」「わしは、もう人を斬ることはやめたのだ」「わしはかたき討ちとして斬られるつもりはない。佐久間修理は、神国日本のために斬らねばならぬ男であった」

そんな彦斎を恪二郎が斬れずにいると、こう言った。

「もういちど修行してまたかたき討ちに来るか、象山のようにえらくなるか、どっちを選ぶのも自由だ」

大久保一翁
徳川家に代わってだれが国政を担当しようとも同じ日本人であるからかまわないではないか

幕政改革の中で勝海舟とともに大抜擢されたのが大久保忠寛だった。一翁の名でよく知られるが、実際のところ一翁はもう少しあとの名となる。

もともと十一代将軍・家斉の小姓を務めるなどしており、阿部正弘からその才を買われた。その一方、勝の存在を見出し、阿部に推挙している。一翁がいなければ幕末史に勝海舟の名が残らなかった可能性もある。そうなれば歴史はずいぶん変わっていたはずだ。

井伊直弼との関係のため失脚していた時期もあったが、文久二年（1862）には旗本としては最高職となる側御用取次に登用された。大抜擢だった。

この一翁もかなりの人物である。

この頃、朝廷から攘夷決行を迫られているなかで幕府はどうすればいいかという話し合いをしていると、次のように言ったというのだ。

半藤一利氏の『**幕末史**』の記述がわかりやすいので、やや長くはなるが、そのまま引用させていただく（『幕末史』は幕末の流れを見渡すには最適の書であり、この本の構成においてもずいぶん参考にさせていただいた）。

「攘夷は不可能であり、日本国のためにはならない。それを禁裏（天皇家）があくまでも聞き入れないならば、このさい幕府は政権を朝廷に返還し、徳川は駿河・遠江・三河の一大名になればよろしい。そして攘夷実行の際は、一方の備《そなえ》をうけたまわる。薩摩も長州も同じように一方の防備を固め、朝廷の指導を受けるのがいちばんよろしい。**徳川家に代わってだれが総大将になって国政を担当しようとも、もともと同じ日本人であるから一向にかまわないではないか。**異国人に支配されるよりはよっぽどいい。**幕政などというカビの生えた古店《ふるだな》はさっさと譲ったほうがよい**、そのほうが誰をも苦しめることなく国政がさきに進む。それが仁かつ智あるやり方である」

この段階で早くも「**大政奉還論**」を口にしていたわけだ。

それも、幕府側で抜擢されたばかりの人間が口にしていたのだから驚くべきことである。

この後の一翁は、勘定奉行に任じられながらも長州征伐に反対してすぐに役を外されるなどしながら、**無血開城**や明治維新にも関わった。

英国公使館焼き討ち事件　1862

あんたはいつどこでも、糞が出るのかね

伊藤博文

長州藩の高杉晋作が目立った動きを見せ始めるのも文久二年（1862）だ。

この時期の尊皇攘夷は長州藩が牽引した部分もあったが、「航海遠略策」からの急激な方向転換は軽薄だとして、長州藩の評判は志士のあいだではよくなかった。そうした声が耳に入ってくることで晋作には焦りもあったのかもしれない。

一坂太郎の新書『**高杉晋作**』では、この頃の晋作は次のように考えたのではないかとしている。

《成否は兎も角も長州人一人くらいは、夷人など斬りその恥辱を雪がねばあいならず》

そこでまずは外国公使暗殺計画を立てるが、これは中止となる。

久坂玄瑞が武市半平太にも声をかけたところ、武市はそれを山内容堂に伝えた。容堂はさらにそれを長州藩に伝えたので、計画前に止められたのだ。

このとき長州藩の**周布**《すふ》**政之助**が「**容堂公は尊皇攘夷をちゃらかしなさる**」と口にしたことで土佐藩

士たちと揉めている。周布は長州藩では指導者的役割にあった人物で、暴走しがちな晋作をなにかと助けた。ただこのときは酒に酔っていたせいなのか、自分自身が暴走してしまったわけだ。

この後に計画されたのが、品川御殿山に建設中で、ほぼ完成していた英国公使館の焼き討ちである。こちらは十二月十二日に実行された。

晋作が指揮をとり、**久坂玄瑞**や**井上聞多**《もんた》（**馨**）、**伊藤俊輔**（**博文**）らが加わっていた。こちらは成功といっていいのかどうか……、公使館は全焼している。

伊藤は、のちにこう回顧している。「幕吏は大抵、吾々の仕業であると目星をつけたに相違ないが、証拠がないのと、いくらか長藩の勢力に遠慮したものと見え、深く追及せなんだから、同志中一人もこれがために処分を受けたものはなかった」と。

初代総理大臣になる男がこんな事件に関わっていたわけだ。

晋作の影に隠れがちだが、そんな伊藤と聞多のことをもう少し書いておきたい。

司馬遼太郎『**死んでも死なぬ**』（『**幕末**』所収）では、公使館焼き討ち前夜、品川の妓楼にいた伊藤が夜風に当たりに外に出たとき、同じように妓楼で過ごしていたはずの聞多がやはり外にいるのを見つける場面がある。「何をしている」と聞くと、聞多は「糞よ」と答える。

「**あんたは**」……「**いつどこでも、そいつが出るのかね**」

「ああ、場所はかまわんな」

その答えを聞いて伊藤は「おれもこいつのようになりたい」と思う。

聞多は生まれも育ちもいいのにかかわらずそれができるような男だ。それに対して伊藤は、うじも素性もない百姓の出であり、実は小心だ。それゆえの〝うらやましさ〟だというわけだ。

実際にあった話なのかはともかく、伊藤と聞多の人柄がよく出ているエピソードだ。

この二人はこの翌年、**イギリス留学**にも出ている。幕府に知られればどんな咎めを受けるかわからず、攘夷の志士に知られれば出発前に暗殺されるに違いないような〝密航〟だったが、この留学が必要だと考えたのは周布だった。あとにも紹介する大村益次郎を主人公とした**司馬遼太郎**の『**花神**』の中で周布はこう言っている。

「**尊王攘夷は、輿論のおもむくところである。しかし攘夷だけでは日本はどうにもならぬ。これはある期間にかぎり、日本国の武の精神と実力を彼（列強）に示すだけのことだ。それ以上のものではなく、後日、かならず各国と交通をせねばならぬときがくる。そのときにおいて西洋の事を熟知しておらねば、わが国（長州藩）の一大不利益になる。によって留学生を英国にやりたい**」

周布という人がいかに優秀な指導者だったかがわかる言葉だ。そしてこのとき、イギリス留学を果たしたからこそ伊藤と聞多は、明治維新で重要な役割を果たすことにもなる。

『死んでも死なぬ』という作品の題名がどうして『死んでも死なぬ』なのかといえば、この小説のクライマックスは**井上聞多**が襲撃されるところにおかれているからだ。

少し先の話になるが、元治元年（１８６４）九月、聞多は藩内で対立する者たちから襲われ、顔をはじめ体じゅうを切り刻まれた。イギリス留学から帰国後のことで、イギリス留学もやはりこの襲撃と無関係ではない。さすがに助からないだろうと考えられたので、兄に介錯を頼んだほどだった。このとき聞多の母があいだに入り、「**介錯するならわたしと合わせて斬れ**」と止めたという話は、教科書に載せられたこともある母子の美談だ。

結局、五十針を縫う処置を受けて、聞多の命は助かった。その二日後、事件を知った俊輔が慌てて様子を見に行くと、聞多は起き上がって飯を食べていたという。そのあたりはさすが司馬遼太郎という描写になっている。〝サイレンス〟であることが名言のようにもなっている場面だ。

《「聞多」

と俊輔は大声でよんだ。

が、聞多は、全身白布で巻かれ、眼も耳もあの夜の衝撃でまだ機能がもどっていなかった。ただ繃帯の間から、口だけが出ていた。

その口が、めしを食っている。

めしは、小者の浅吉が、一箸ずつ、歯の間へ運んでいた。

なまこに似ていた》

松陰改葬　1863

高杉晋作①
松陰吉田寅次郎先生の遺骨を奉じて罷り通る控えおろう！

英国公使館焼き討ち事件に続いて、高杉晋作らは吉田松陰の改葬を行なう。

三年前に松陰が処刑されたあと、**桂小五郎**と**伊藤俊輔**らが遺体を引き取りに行ったが、処刑された遺体が運ばれる小塚原の回向院では、四斗樽を渡された。首と体が切り離されたままの松陰は、服も剥がされ、丸裸でその中に投げ込まれていたのだ。

桂たちは松陰の遺体を水で拭い清め、首と胴をつなごうとすると、役人から止められた。「後日、検視があるかもしれないから」だという。そこで桂たちは自分たちの服を脱いで松陰に着せ、自分たちで運んできた甕の中に遺体を納めて墓地に埋葬した。

その後は改葬も許されなかったが、安政の大獄で罪に問われた人たちに対しては「大赦令」が出された。そこで晋作たちは文久三年（１８６３）一月に、その甕を小塚原から掘り起こし、現在の松陰神社（世田谷区）がある若林村へ移したのだ。

この改葬によって松陰が罪人ではないことをあらためて示された。

その後、吉田家は再興しており、松陰は神格化されていく。

三好徹の『高杉晋作』では、このときの晋作が陣笠、陣羽織という戦に臨む衣服を着用していたとして描かれている。

松陰の遺体を運ぶ際には、わざわざ御成門の三枚橋を通るようにして、将軍しか使えない中央を行こうとした。昼夜を問わず警備している番卒には「無礼者、ここを何と心得る!」と止められるが、晋作は意に介さない。それどころか平然と大喝したという。

「**われらは長州藩士、松陰吉田寅次郎先生の遺骨を奉じて罷り通るが、これは、畏れ多くも天朝様の勅諚によるものである。控えおろう!**」

大赦令が出たことによる改葬だということで勝手に「天朝様の勅諚」という言い方をしたわけだ。

そう言われても何のことかわからない番卒がまごついていると、晋作たちはそのままそこを通ってしまった。それでも幕府の側では、あえて表沙汰にしないために不問に付したといわれる。

晋作節がうなった名場面のひとつだ。

だが、**池宮彰一郎**『**高杉晋作**』では《これも史実にはない》としている。

さらに《芝居がかった放胆な言動なども、ほとんどが訛伝である》とも書いている。

こうした解説を入れる作品もある意味、大切だとは思うが……、野暮ではある。

真相はどうなのかとはさほど気にはならない。晋作はきっとそう言ったのである。

晋作はこの後、ある暗殺を行なっている。

こちらはれっきとした史実だ。

幕府の密偵ではないかと疑われた宇野八郎（東桜）という人物を藩邸にある有備館という修業道場の二階に誘い入れ、**井上聞多、伊藤俊輔**らに協力させて殺害したのだ。**一坂太郎**の『**高杉晋作**』には《晋作の生涯の中で直接手を下した、唯一の暗殺である》と書かれている。

この件の詳細を描いた作品は少ないが、さすがは**司馬遼太郎**である。

『**死んでも死なぬ**』の中で見事にその現場を再現している。

詳しくは作品で読んでほしいが、自分の刀を宇野に鑑定させたあと、「お差料を拝見」と言って宇野の差料を目利きするかに見せて、その差料を宇野の腹に突き立てたのだ。

そして、こう言う。

「**宇野さん、隠密なんて、人間の屑だよ**」

暗殺という行為そのものは肯定できないが、しびれる台詞であり、しびれる場面だ。

この後に晋作は「聞多、俊輔、あとは、始末しておけ」と言って階下へおりていく。それもまた、晋作らしい。

『死んでも死なぬ』では、明治三十年代になってから伊藤がこのときのことを振り返り、伝記作者の中原那平に語った言葉も紹介している。

「わが輩が殺したというわけではないが、みんながぐすぐすして居るから、一つヤッテやろうと思って、短刀をかれの喉へ突きつけようとしたところが、その短刀を遠藤多一がわが輩の手を執ってすぐに突込んで仕舞うた。そうすると、白井小助めが刀を抜いて、横腹をズブズブ刺して殺した」

とのことである。

意味がわかりにくいところもあるが、生々しい言葉だ。初代総理大臣が、自身が加わった英国公使館焼き討ち事件や暗殺を語ることができた時代でもあったわけだ。

ここで名前が出された白井の証言もまた、『死んでも死なぬ』の中で紹介されている。

「わしはただ、高杉の刀で宇野の頬をブチ切ったまでである」というのだ。

伊藤の証言との食い違いもみられるが、記憶違いの部分も含めて〝合わない部分〟が出てくるのも歴史というものだろう。それもまたリアリティである。

司馬遼太郎が各作品で描きだしているのはありのままの歴史ではない、との見解もあるが、司馬遼太郎が書いた幕末小説は、リアルと想像力を〝交差〟させながら、読む者を惹きつけてやまない作品群であるのは確かだ。

史実との微差はあっても温度差はない。

賀茂行幸　1863

田中光顕

一死報国、これ以外には胸中何物もなかった剣尖に一命を賭し、笑って地に入る覚悟だった

晋作らが英国公使館の焼き討ちを行なったのが文久二年（1862）十二月十二日だったが、その直後の十二月十五日、**一橋慶喜**は江戸を出て京に向かった。

翌年、**将軍・家茂**が上洛することになったので、それに先駆けての上洛である。その慶喜のもとに賀川肇の首が届けられたのは、京に着いたあとの翌年一月のことになる。

そして二月、家茂が江戸を発ち、三月に京に入った。三代将軍・家光以来二百三十年ぶりとなる徳川将軍の入洛だった。

朝廷に対して、幕府の威信を示すことも目的のひとつになっていたが、朝廷の側からは、いつ攘夷を行なうのかと催促されるばかりだった。そんな中にあって、三月十一日には孝明天皇が賀茂神社に攘夷祈願に行くことになり、それに家茂が追従することが決められた。

これは長州藩が朝廷を動かして決めたことで、それを仕掛けたのは**久坂玄瑞**だといわれる。

古川薫の『**花冠の志士**』では、嵯峨の天竜寺に諸藩の志士を集めてその案を話すところが描かれている。久坂は言う。

「むろんやがては幕府を討たなければなりません。賀茂社への攘夷祈願は、そのひとつの布石。さらに石清水八幡への行幸、これらの親征祈願を積み上げていくうちに、倒幕の機運も盛り上がっていくちゅうものでありましょう」

朝廷への建議そのものは世嗣・定広（のちの元徳）が行なっているが、元は藩医の子でしかなかった久坂が長州藩ばかりか、朝廷や将軍を動かしていたわけである。

「いよう、征夷大将軍！」

高杉晋作が、馬上の家茂に向かってそう声をかけたのは、この賀茂行幸でのことだ。

三好徹の『**高杉晋作**』では、そうして声をかける直前、晋作は「義助（久坂）もやるな」と心の中で呟いていたように描かれている。

これ以前には将軍の顔を見ることなどは許されなかったのに、ここで家茂は群衆の前で素顔をさらすことになる。それにより幕府の権威の失墜と尊皇思想の勝利を示すことが久坂の狙いだった。それを理解していたからこそ晋作はそこにさらに強烈なスパイスを振りかけたわけだ。

この本の最初には、この一件に関しては「俗説」とする見方がある一方、「事実だったと示しているとも取れる材料もある」と書いている。どういうことかといえば、**田中光顕**の『**維新風雲回顧録**』の中でも次のように書かれているのだ。

《「いよう、征夷大将軍！」

高杉晋作がいきなり人ごみの間から大声をあげて、馬上の将軍を一睨したのも、この時である》

田中光顕は、吉田東洋を暗殺した那須信吾の甥であり、自身も土佐勤王党に入っていた。土佐脱藩後には長州で晋作のもとにいた時間が長く、さらには中岡慎太郎の陸援隊を継いだ人物だ。その田中がそう書いているのである。

この書は、彼が〝語り残した体験記〟をまとめたものなので、田中光顕が話を盛ったか、この書をまとめた記者が話を盛った可能性もなくはない。そういうこともふまえたうえで、それが史実なのか俗説なのかは、読む人それぞれが判断すればいいのではないだろうか。

『維新風雲回顧録』には、この後に家茂が「東帰（江戸へ戻ること）」を奏請すると、尊皇攘夷の志士たちはそんな勝手は許されないと考えて将軍襲撃計画を企てたとも書かれている。

《「けしからぬことである、陛下の御言葉にそむいて、東帰しようというのは、臣子の分を忘れている、その儀ならば、一泡ふかせてくれる」

血気の面々、ことに長州の高杉晋作、久坂玄瑞、品川弥二郎、土州では平井収二郎をはじめ末輩の私どもにいたるまで、総立ちになった。

「詔勅にそむいて、将軍東帰と決まったなら、三条大橋に要撃して、一刀の下に息の根を止めようで

はないか」》

という話にまでなっていたというのだ。このときのことを振り返り、田中光顕はこう語る。

《一死報国、これ以外には胸中何物もなかった当時の私どもは、いさぎよく剣尖《けんせん》に一命を賭し、笑って地に入る覚悟だった。すべてこれ、六十三年前のこと、今にしてこれを想えば、まことに、夢一場の感にたえない》

結局、家茂はすぐに東帰はしなかったので、この襲撃は実行されなかったが、決意の強さがわかる言葉だ。

すぐに東帰はしなかった家茂だが、この後の石清水八幡への行幸には追従しなかった。家茂の体調不良を理由に慶喜が名代となったのだ。さらに慶喜も直前に体調不良を訴え、山上の社頭へ登るのは無理だということから遁走するように石清水山麓から離れていった。社頭では孝明天皇が節刀（征軍出征の際に天皇が授ける刀）を授与することになっていたので、その儀式が行なわれてしまえば攘夷決行に関して言い逃れはできなくなる。ぎりぎりのところでそれだけは回避したわけである。

このときは家茂の仮病と慶喜の逃走を責めるように「両人に天誅を加うべし」といった落書も出されたという。将軍までがそう名指しされ、命を狙われる世の中になっていたのだ。

下関外国船砲撃事件と薩英戦争　1863

高杉晋作②

およそ兵には正と奇とがあるもので正のみでは勝ち得ません

石清水八幡行幸に将軍・家茂と一橋慶喜が従わなかったこともあり、朝廷側からは「攘夷の号令はいつ出すのか」という催促が続いた。これに対応していたのが慶喜だったが、そんな状況が続くことに嫌気がさしたのか、短気が爆発したのか……。ついに返事をしてしまう。

「左様、五月十日」

司馬遼太郎『最後の将軍』では、「それで、およろしいのでございますか」と幕府重役に問われて慶喜はこう返したと書かれている。

「攘夷など絵空事である。どうせ出来ぬなら、準備もなにも致しようもない日に決行の日をきめるしかない」

慶喜がそう答えたのは四月十九日だったので、五月十日までは二十日ほどしかなかった。

突然の返事には、朝廷側も幕府側も志士たちも誰もが驚いた。

「慶喜は狂ったのか？」という声まであがったといわれる。

慶喜とすれば「絵空事」で終わらせたかったのだろうが、終らせなかった者がいる。**久坂玄瑞**である。

古川薫『花冠の志士』では、賀茂行幸前に志士たちを集めた場ですでに久坂はこう言っていた。

「(目的は) 攘夷の実行であります。これは長州藩が下関海峡で先鞭をつけます」

そして賀茂行幸のあと、帰藩する際に久坂は、世嗣である定広にこう確認していた。

「使命（藩主・敬親への状況報告）を果たしたあとは、馬関（下関）に行き攘夷実行の先鋒たることをお許し下さいましょうか」

定広は敬親ではないので「そうせい」とは答えなかったが、「存分にやるがよかろう」と答えている。

そして行なわれたのが下関での外国船砲撃である。

期日どおり文久三年（１８６３）五月十日のことだった。通告なくアメリカ商船ペンブローク号を砲撃したのが最初で、その後にはフランス軍艦、オランダ軍艦にも砲撃している。

現代に生きる我々からすれば、久坂がどうしてそれほど馬鹿げたことをやったのかと不思議に思うが、久坂としては、地上戦に持ち込めば勝てる、と信じていたようだ。

だが、ここで長州は予想を超える反撃を喰らう。この年にアメリカとフランスから攻められ、翌年にはイギリス、アメリカ、フランス、オランダの四カ国連合艦隊に攻められる「**四カ国艦隊下関砲撃**

事件（下関戦争）」に発展するのだ。

一方、長州藩の砲撃事件のおよそ二カ月後に開始されたのが「**薩英戦争**」である。

こちらは攘夷決行とは事情が異なる。生麦事件の補償問題が解決できていなかったこともあり、イギリス艦隊が鹿児島湾に攻めてきて戦闘状態に入ったのだ。それが七月二日のことで、二日後の四日にはイギリス艦隊は退去した。そのため薩摩がイギリス艦隊を追い払ったという言い方がされることもある。ただし、薩摩は幕府から借金するかたちでイギリスに賠償金を支払っている。

下関戦争と薩英戦争で、長州と薩摩の両藩は、外国との戦力の違いを思い知らされた。そのことが両藩の動き、そして幕末の流れを変えることになる。

高杉晋作が「**奇兵隊**」を編成したのは、砲撃事件のあと、長州藩の形勢が一気に危うくなった六月のことだ。晋作は賀茂行幸のあと、突然、まげを落として「東行」という僧名を名乗り「十年の賜暇（隠棲）」を自ら願い出ていた。そして松陰の生家に近い山小屋で暮らしていたが、下関の状況がどうにもならなくなってきたときに藩から呼び出されたのである。

まげを落としてからは二カ月半ほどしか経ってはいなかったのだから、十年には程遠い。それでも藩主の前で打開策はないかを問われると、晋作は答えた。

「**願わくは馬関のことは臣に任ぜよ。臣に一策あり**」と。

三好徹『高杉晋作』ではこう言っている。

「孫子十三編のなかにもありますように、**およそ兵には正と奇とがあるもので、正のみでは勝ち得ません。わたくしにお任せ下されば、奇をもって勝つ兵をつくってご覧に入れます**」

このときの晋作がおよそこのような回答をしたのは事実のようだ。

敬親の返事はやはり「そうせい」だった。

下級武士や庶民の混成部隊である奇兵隊がつくられたのは歴史的なことだった。

ただ、このときの奇兵隊は、長州藩の正規軍といえる「撰鋒隊」と衝突する事件を起こしてしまう。これにより晋作はすぐに奇兵隊総督の座を引くことになるのだ。このとき晋作は、その責任をとるため自らの死も決意していた。妻のマサに宛てて遺書にも近い手紙を書いている。

「士と申す者は、いつ死ぬることがあるかも知れぬゆえ、我らでも明日死ぬることがあるかも知れぬ。右につき、そもじも士の妻なれば、**夫が死ぬれば後を守り、操を立て、夫の葬りを致すのが女の役目にてござ候。我らは死してもそもじのことは忘れ申さず候**」

晋作の妻マサは萩城下一という評判があるほどの美人だったが、飛び回るばかりの晋作がマサと過ごした時間は短い。それにもかかわらず、「後を守って操を立てろ」と言ったうえで「自分はお前のことを忘れない」と言っているのだ。勝手な男と取るべきか、粋な男と取るべきか……。

徳川慶喜②
この三人は天下の愚物、奸物でござる

長州藩の砲撃事件のおよそ三カ月後に「八月十八日の政変」が起きる。

幕末における大きなターニングポイントとなる事件だ。

ごく簡単にいえば、会津藩と薩摩藩を中心にして、**長州藩と急進派の公家たちを京から追放した軍事クーデター**である。この背景には、**孝明天皇**が、長州と組んだ急進派の公家たちの行き過ぎた行動に頭を悩まされていたことや、以前ほど攘夷一辺倒ではなくなり幕府に対して悪くない感情を持たれるようになっていたことなどあったといえる。

八月十八日に日付が変わったばかりの深夜から、会津藩、薩摩藩の兵を中心とした二千人ほどの兵が御所九門を固めた。そして急進派の公家たちを御所に入れず、長州の兵たちを追い払うかたちをとったのだ。

これにより千人ほどの長州藩兵と急進派の公家たち七人が長州へとくだっていくのが、いわゆる「**七**

卿落ち」だ。七卿のなかでも中心的な存在になっていたのが**三条実美**である。この後、長州藩、福岡藩で不遇の時を過ごすことになるが、明治維新では表舞台に復帰している。暫定内閣で「内閣総理大臣兼任」という首相格にも就いている人物だ。

七卿落ちの際、**久坂玄瑞**は「世は苅菰《かりこも》と乱れつつ」と始まる即興の今様を謡ったという。

「**降りしく雨の絶え間なく　涙に袖の濡れ果てて……**」

久坂は美声だったというので、それを聴いて涙を流さない者はいなかったことだろう。

ここから長州藩はつらい時期を過ごすことになり、久坂はもはや避けられないように死へと向かっていく。

世の動きもさらにめまぐるしくなっていく。

長州勢が京を追放されたあと、一橋慶喜や島津久光らが京に呼び戻される。そして慶喜と久光、松平春嶽、山内容堂、伊達宗城、松平容保が朝廷参預に任命され、「**参預会議**」が成立する。それが文久三年（１８６３）の十二月から翌年一月にかけてのことだ。

この合議制でうまくいくかとも思われたが、すぐに慶喜と久光が対立するなどしてこの体制も長続きはしなかった。長続きしなかったどころの話ではない。

二月に設けられた酒宴の席で、慶喜はなんと、「薩人の奸謀は、天下の知るところ」と言ってのけ、さらに久光、春嶽、宗城を指して「**この三人は天下の愚物、奸物でござる**」と言い出したのだ（台詞は司馬遼太郎『最後の将軍』から引いているが、実際にあった話だ)。

とても名言とはいえないが、誰をも驚かせ、一瞬にして世の調和をなかったことにしてしまうすさまじい言葉である。

『最後の将軍』の中でも、徐々に慶喜は、個性的な人間と形容するのでは済まされないような人物として描かれるようになっていく。並みの人間では理解しがたい言動が目立ちはじめるのである。

合議制の中心であるべき慶喜がこんな言葉を口にしていてうまくいくはずはない。容堂が京をあとにしたのを皮切りに久光や宗城、春嶽も京から引き揚げた。

三月には早くも参預会議は解体してしまうのだ。

その直後、慶喜は将軍後見職を辞して、禁裏御守衛総督・摂海防禦指揮という新しい役に就いている。

その後、京都に残っていた有力者は、慶喜と容保、それに京都所司代で桑名藩主の松平定敬(容保の弟)くらいになっていたことから「**一会桑政権**」と呼ばれる体制となった。

一会桑政権という呼び名自体は近年つけられたものだが、この体制は慶喜が十五代将軍になるまで二年半ほど続くことになる。

第四幕

新撰組と京の事変

新撰組　1863～

松平容保①
義に死すとも不義に生きず

すでに書いたように暗殺によって京の町が血塗られだしたのは文久二年（1862）からだ。尊皇攘夷を合言葉とする浪士たちは続々と京につどった。勝海舟の回顧によれば、攘夷のための暗殺をいとわないような浪士は五、六百人ほど京に蠢いていたともいう。そういうなかで登場するのが新撰組だが、その前にまず松平容保のことを書いておきたい。

美濃高須藩主・松平義建《よしたつ》の六男として生まれ、叔父にあたる会津藩主・容敬《かたたか》の養子となり、第九代会津藩主となった人物である。京の治安が悪化する一方だったことから、幕府は「**京都守護職**」という役を新たに設け、それに任命されたのが容保だった。

〝貧乏くじ〟である。

この役を受けることが、「労多くして功少なし」になることは最初から見えていた。

当時、容保は病床に就いていたこともあり固辞していたが、会津藩の家訓には「**大君の義、一心大**

切に忠勤を存すべく、列国の例を以て自ら処るべからず」（他藩のありようとは関係なく忠勤せよ）とあり、これを受けるしかなくなる。

このとき容保が実父の義建に送ったとされる歌が次のものだ。

「**行くも憂いし　行かぬもつらし　如何にせむ　君と親とを　おもふこころを**」

ここで容保は一千の会津藩兵を率いて京に入る。

これがやはり文久二年で、十二月二十四日のことだった。その後、京の治安を守るために尽力していくなかで新撰組を自らの指揮下におくことになる。

このとき京都守護職になったことは最後まで尾を引く。

容保は孝明天皇の厚い信を受けながら将軍・家茂に仕えていたが、のちに家茂も孝明天皇も世を去ることになる。そして大政奉還後には〝朝敵〟とされ、**会津戦争**を余儀なくされるのだ。

「**義に死すとも不義に生きず**」

容保の言葉だとも、そうではないともいわれるが、この言葉が容保の生き方を端的にあらわしているには違いない。会津戦争後の容保は東京へ護送され、和歌山藩などへ預け替えされたあと、日光東照宮の宮司に任じられている。それもまた〝忠勤〟だったと捉えるなら皮肉な話ではある。

清河八郎

魁けて　またさきがけん　死出の山　まよひはせまじ　皇の道

十四代将軍・家茂が上洛したのは文久三年（１８６３）三月だが、新撰組はこのことを発端として産声をあげている。この上洛に際して江戸では、将軍警護の名目で浪士が募集されたのだ。

新撰組の二番組組長である**永倉新八**の『**新撰組顛末記**』（晩年、小樽に住んだ永倉が『小樽新聞』記者の取材に応じて語った言葉をまとめたもの）によれば、その募集を知った永倉が近藤勇の道場である試衛館につどっていた者たちに対して「すすんでわれらも一味となり日ごろの鬱憤を晴らそうではござらぬか」と提案したところ、一も二もなく雷同されたのだという。

この浪士募集の案を幕府にもちかけたのが清河八郎だ。

そしてこの清河は、尊皇攘夷の志士だったのだから話はややこしい。

清河は全国を遊説しながら倒幕を説いていた男である。文久二年（１８６２）の島津久光上洛にあたっては、それに乗じて全国の尊皇攘夷志士を京に集め、倒幕を果たそうとも目論んでいた。

司馬遼太郎の『**奇妙なり八郎**』(『**幕末**』所収)の表現を借りれば《京で跳梁している浪士は、清河が天竺魔法のような術策でよびよせたもの》だということにもなる。

その清川が将軍上洛を助ける浪士を集めるというのは話が合わないが、結局これも天竺魔法のような術策だったのだ。

近藤らと京に入ると、清河はその本心をぶちまけた。

「なるほど、幕府の召募によってわれわれは京にのぼってきた。が、浪士はあくまで浪士であって幕府の禄位は受けておらぬ。当然幕府の施策に対して自由である。**われわれは幕府を奉ぜず、尊王の大義のみ奉ずる**」(『奇妙なり八郎』より)

御所に対して清河は浪士一同の名で**勤皇倒幕の建白書**までを出したのだ。驚くべき手のひら返しといえるが、要するに最初からそうするつもりの浪士募集案だったということだ。

だがここで、のちに新撰組となる近藤たちは清河と袂を分かち、京に残る。

そして江戸に戻った清河は、次なる企てを進めているなかで幕府見廻組の**佐々木只三郎**らに惨殺されてしまうのである。

「**魁《さきが》けて　またさきがけん　死出の山　まよひはせまじ　皇《すめらぎ》の道**」

たまたまその朝詠んでいた詩が辞世の句となった。

新撰組　1863〜

芹沢鴨
忠義を尽くして、お国に報ゆる。わしは、わしの流儀で働いている

清河八郎には従わず京に残った者たちは十三人だった。

司馬遼太郎『**新選組血風録**』では、清河に従わず、「初心を貫く」と最初に言ったのが近藤勇で、芹沢鴨が「おれも、そうしよう」と続いたように書かれているが、それはおそらく脚色だろう。**永倉新八**の『**新撰組顛末記**』では、清河の言葉に対して最初に「不同意」を告げたのは近藤ではなく芹沢だったように書かれており、こちらの展開が一般的になっている。

浅田次郎『**輪違屋糸里**』でもやはり、清河に対して強い口調でまず反駁したのは芹沢になっている。

清河が、夷狄攘斥の朝命を尊戴したので東下すると言い出したとき、すぐに芹沢が「あいや、異議あり。清河殿に物申す」と立ち上るのである。

「われら浪士組は、御公儀より将軍家護衛の大任を授かっておるのではござらぬのか。しかして、公方様いまだ御上洛ならぬ今、朝命を奉じて再び東下の途につくとは、断じて武家たるものの本末を踏

みたがえておる」

芹沢の論に対して清河が「わが国は万世一系の天朝これを統べる神国にして……」と尊皇の立場から反論しようとするが、芹沢は取り合わなかった。

「**黙らっしゃい。われら武門の棟梁は頼朝公の昔より征夷大将軍をさしおいてほかにはおられぬ**」

そして、近藤にもどうするかを問い、皆で残ることを決めたとしている。

細かい言葉のやり取りはともかく、これが実際の流れに近かったのではないだろうか。

新撰組では、司馬作品や**子母澤寛**の『**新選組始末記**』などが定番だが、『**壬生義士伝**』、『**輪違屋糸里**』、『**一刀斎夢録**』と続く浅田三部作はどれも視点がユニークで面白い。『輪違屋糸里』では女たちの目と永倉新八の語りを通して、芹沢鴨という人間と芹沢鴨暗殺事件が描かれていく。

この後、芹沢たちは京都守護職・松平容保に宛て、京で将軍警護に努めたいという嘆願書を出し、それが認められて容保の「御預」となる。そうして「**壬生《みぶ》浪士組**」と呼ばれる一団ができたのだ。壬生浪士組というのは壬生に屯所があったことからの呼び名のようなものだが、とにかく近藤らは市中警備と不逞浪士の取締りが任じられた。新撰組というと殺戮集団というイメージもあるかもしれないが、役割としては市中警察に近いようなものだったのである。

「新撰組」という名は、この年に起きた**八月十八日の政変**で御所警護の役割を果たし、その功績によって朝廷から授けられたといわれている。新選組と表記されることもあるが、隊内でも双方の文字が使われていたように、こだわりはなかったとみられる。

局長は芹沢、近藤、新見錦の三人で、そのうち筆頭局長は芹沢となる。副長は山南敬助と土方歳三だ。新見は芹沢派の人物で、山南と土方は試衛館につどっていた近藤の仲間である。

筆頭局長の芹沢は、酒癖が悪かったこともあり、なにかと騒動を起こした。島原の角屋で大暴れしたこと。道ですれ違った力士たちと揉めて死傷者の出る乱闘事件を起こしたこと。隊費の借用に応じなかった大和屋という商家を焼き討ちしたことなどがよく取り上げられる。

そうしているうちに芹沢は何者かに暗殺されてしまう。

永倉の『新撰組顚末記』によれば、これは土方や沖田総司らの手で行なわれたとされている。それが事実だろう。大和屋焼き討ち事件のあと、容保が近藤たちに芹沢の処置を命じたことがこの暗殺につながったともいわれている。この後の新撰組は近藤たちが束ねていくことになる。

芹沢もまた、さまざまな描かれ方をされる人物だが、『輪違屋糸里』では、手に負えない乱暴な面と、ふだんは見せない人間味あふれた面の双方が見事に描き出されている。たとえば庭に花を植えているところをお勝という女に見られると、「若い者たちの手前もあり申す。僕が花をこしらえるなど、物笑いでございましょう」と、はにかんだりするのだ。

小説だからこその脚色もあるには違いないが、芹沢の二面性の描き方も納得される名作だ。

芹沢は大きな鉄扇をいつも持ち歩いていたことは有名な事実であり、その鉄扇には「尽忠報国之士芹沢鴨」と彫られていた。暗殺される直前に起きた八月十八日の政変に新撰組が出動した際、その鉄扇を手にした芹沢が誰より堂々とした振る舞いをみせていた場面もよく描かれる。

芹沢たちが京都に着いたのが二月で、この政変を経て、芹沢は九月に暗殺される。

芹沢は、鉄扇に掘られた文字についてこう語る。

「読めるか、お梅」、「**尽、忠、報、国、と書いてある。忠義を尽くして、お国に報ゆるということだ。わしは、わしの流儀で働いている。誰にも真似はできまいよ**」

お梅とは京でつくった芹沢の情人だ。これは『輪違屋糸里』の一場面だが、そのお梅から「（そういう流儀でやっていると）あんたひとりが悪者になっちまいますよ」と言われると、こう返す。

「**悪者なのだから仕方なかろう。はたから見ても、わしや平山や新見は悪人で、近藤らは善人だ。役回りがとうに決まっているようなものではないか。それに――**」

「わしはあの連中が嫌いではない。近藤は見たとおりのわかりやすい男だし、土方は頭がいい。沖田の剣は神業だ。山南は好人物で、井上も原田も藤堂も真正直な男だよ。**どいつもこいつも、苦労人のくせに汚れていない**」

自分を斬ることを決める男たちをほめる芹沢の言葉が切ない。

新撰組　1863～

近藤勇
義を取り生を捨つるは吾が尊ぶところ一死をもって君恩に報いん

新撰組局長、近藤勇。

武蔵野国（調布市）で百姓の三男として生まれ、試衛館・近藤周助の養子となっている。

養子縁組のきっかけとなった事件については**永倉新八**の『**新撰組顛末記**』に記されている。

近藤が勝太という名で十六歳だったとき、数人の強盗が家に入った。近藤の兄がすぐにかかっていこうとすると、近藤はそれをとどめた。

「賊ははいったばかりのときは気が立っているものでござろう。いまかかっては敗けぬまでも骨が折れる。彼らは立ち去るときになるとはやく逃げようの気がさきだち、心が留守になっているから、**その虚に乗ずるこそ剣道の秘訣である**」

そして賊の引き上げ際に出て行って斬りつけると、すぐに相手は逃げ出したのだ。

勝太の兄がそれを追いかけていこうとすると、「窮鼠かえって猫を嚙むとはこのこと、いいかげんに追いすてて引き揚げるが上策でござる」と、それも止めた。このことが評判になり、その知と勇に感動した周助が「天然理心流を継がせたい」と考え、養子にしたいと申し入れたのだ。

天然理心流は実戦的な総合武術で、近藤の剣は小技のない力強いものだったという。

田舎道場ではあったが、毎日、五、六十人ほどの門弟が稽古にやってきていたように活気があり、塾頭・沖田総司は天才的な名手だったといわれる。

近藤にとっては、百姓の子という出生が大きな意味をもっていた。よくいわれることだが、真の武士になることに憧れていたのだ。

司馬遼太郎『**燃えよ剣**』は土方歳三を主人公にした新撰組ものの白眉だが、この作品の中で、浪士を募集しているということを聞かされた近藤はまずこう反応している。

「その浪士組というのは、旗本にお取り立てになるというのか」と。

そして近藤は、いずれ直参になれると信じてこの話に乗ることに決めるのである。その役目が将軍家の警固だと知ると、「まことでござりますか」と感激のあまり涙までこぼしている。

子母澤寛の『**新撰組始末記**』では、近藤が自分の口の中に自分の拳を出し入れしながら、笑いながら話していたという言葉が紹介されている。

「加藤清正は、口が大きくて、恰度自分のように自由に（拳を）出し入れしたというが、**自分も加藤のように出世をしたいものだ**」

だからといって近藤の武士への想いは単なる憧れや出世願望ではない。命を賭したものだった。

少し先に話を飛ばさせてもらう。

新撰組の男たちに関しては、その名言を引くうえで、それぞれの人生を追っておきたい。

大政奉還後、幕府が追いつめられる存在になっていくなかでも近藤たちは引こうとしなかった。永倉新八は『新撰組顛末記』の他に『**浪士文久報告記事**』という書を残している。こちらは永倉自身が明治八年頃に書いていたとされる回顧録だ。その中には、**鳥羽伏見の戦い**で敗戦が濃厚となり、慶喜が江戸に引き上げようとしていたなかで近藤が次のように進言したと書いてある。

「私に三百人の兵御預けに相成るときには、兵庫・堺と兵を配り、私御城内におりて令を下す、当月一杯は相保つの心得、その中《うち》に関東より兵御指し向けこれありたく、**もし負け戦に及ぶときには御城内にて討ち死にの覚悟、さもなくては東照宮へ相対し、一人も討ち死にこれなくては御申し訳なくと申し上げる**」（読み下し文より）

近藤は大坂城で指示をしながら援軍を待つ役を引き受ける。討ち死には覚悟しているし、一人の討ち死にもないようでは東照宮（家康）に申し訳が立たない、と言っているのだ。

前年十二月に銃撃され負傷していたため、鳥羽伏見の戦いでは前線に立てなかったが、近藤はなお大坂での戦いを続けようとしたのである。

結局、江戸に戻ることにはなるが、その後には新政府軍に制圧された甲府を取り戻すための戦いに臨んでいる。敗戦となったが、このとき近藤は**若年寄格**になっている。

『新撰組始末記』で子母澤は、汗まみれになって剣道を教えて廻っていた頃を思えば《夢のような心地がしたであろう》と書いている。

この**戊辰戦争**で近藤は斬首となり、その首は京の三条河原にさらされる。

旗本として死を迎えられたことは近藤にとっては救いだったのかもしれない。

辞世の句は漢詩で詠まれているが、書き下すと次のようになる。

「孤軍援《たす》け　絶えて俘囚となる。顧みて君恩を思えば涙さらに流る。一片の丹衷よく節に殉ず。睢陽《すいよう》は千古これ吾が儔《ともがら》。他に靡《なび》き　今日また何をか言わん。**義を取り生を捨つるは吾が尊ぶところ。快く受けん電光三尺の剣。只まさに一死をもって君恩に報いん**」

途中が少しわかりにくいかもしれないが、「自分にあるのはわずかな真心だが、忠節に殉じる。はるか昔の睢陽（安禄山の乱で賊を防いだ地）で戦った者たちと私はひとつだ。他になびいていては何を言えようか」といった意味になる。

義を取り生を捨つるは吾が尊ぶところ——。

それに殉じた生涯だった。

新撰組　1863〜

男の一生というものは美しさを作るためのものだ

土方歳三

武士になりたい――。土方歳三もまた子供の頃からそんな想いを抱いていたといわれる。豪農の家で十人兄弟の末っ子として生まれ、短いあいだ江戸に奉公に出たあと、石田散薬という家伝薬を行商しながら剣術修行に励んだ。残されている写真を見てもわかるように美しく整った顔をしていたが、厳しい法度で新撰組をまとめ、「鬼の副長」と呼ばれた。

浅田次郎『輪違屋糸里』では非情な策をめぐらせていく人間として描かれ、芹沢鴨とコントラストを成している。先にも名を挙げたお勝は芹沢に対して「あのお人（土方）は、まわりにいてる人間を手駒のように動かすことのできる、怖いお人やとわては思てます」と言っている。その言葉が土方の性質をよく言い当てているように思われる。

作中、別の場面で土方は芸妓・糸里にこう話す。

「俺は近藤先生の家来でいい。旗本直参などという堅苦しいものは、こちらから願い下げだよ」「（い

つかは）江戸に戻って、近藤先生のご采地を預りながら百姓でもやりたい」「人間にはそれぞれの器というものがあるからな。俺にふさわしい人生といやあ、そんなところだろう」

本音で百姓でもやりたいと思っていたかは別にしても、この言葉もまた土方の人生のすべてを凝縮した言葉といえる。土方が〝鬼〟に徹したのも近藤のためであり、土方は近藤のために新撰組をつくりあげたということだ。

土方といえば、やはり**司馬遼太郎**の『**燃えよ剣**』だ。その中で土方は近藤にこう話している。

「**罪あるは斬る。怯懦なるは斬る。隊法を紊《みだ》す者は斬る。隊の名を瀆《けが》す者は斬る。これ以外に、新選組を富岳（富士山）の重きにおく法はない**」

そこで近藤が「おれがもしその四つに触れたとしたら、やはり斬るかね」と問うと、即座に「斬る」と返す。「しかし……」と、土方は続ける。

「そのときは私の、土方歳三の生涯もおわる。あんたの死体のそばで腹を切って死ぬ。総司（沖田）も死ぬだろう。天然理心流も新選組も、そのときが最後になる」「**あんたは、総帥だ。生身の人間だとおもってもらってはこまる。奢らず、乱れず、天下の武士の鑑であってもらいたい**」

壮絶な言葉だ。誰かを担ぐとはそういうことであり、担がれるとはそういうことなのだろう。浅田も司馬も二人の関係性に対する見方は変わらない。

土方についてもやはり、先の話をしておく。大政奉還がなされて新撰組がどうなっていくかがわからなくなってきた頃、土方は沖田にこう話す（『燃えよ剣』より）。

「いま、近藤のようにふらついてみろ。**こんにちにいたるまで、新選組の組織を守るためと称して幾多の同志を斬ってきた、芹沢鴨、山南敬助、伊東甲子太郎……それらをなんのために斬ったかということになる。かれらまたおれの誅に伏するとき、男子としてりっぱに死んだ。そのおれがここでぐらついては、地下でやつらに合わせる顔があるか**」

「**男の一生というものは**」「**美しさを作るためのものだ、自分の。そう信じている**」

近藤のため、新撰組のためだとはいえ、土方は自分の采配によって多くの血を流させてきた。その分だけ、いざというときには近藤より腹をくくれていたということかもしれない。

土方は、戊辰戦争の最後の戦いとなる**箱館戦争**にまで加わり、五稜郭で命を散らせた。

土方の名言というより、小説の中に描かれた名場面を紹介したようにもなったが、土方に関してはそれでいいのではないかとも思う。

土方の名言として現在取り上げられることが多い言葉のなかにも、司馬作品から引かれたものがかなり混じっている。現実と虚構の境界がわからなくなっているのだ。

とはいえ、実際に残している言葉も見ておきたい。

「**たとえ身は蝦夷の島根に朽ちぬとも　魂は東の君やまもらん**」

これが辞世の句とされているものだ。

最近になって、隊士・島田魁がまとめたとされる和歌集にある巻頭歌のほうが辞世の句にあたるのではないかともいわれるようになってきた。

「鉾とりて　月見るごとにおもふ哉《かな》　あすはかばねの上に照《てる》かと」

こちらもまた覚悟の句だ。順番の問題だけで、ともに辞世の句といっていいように思う。


また、意外なことにも土方は俳句づくりを趣味にしており、『豊玉発句集』という句集も残している。

その最初にあるのが有名な句だ。

「差し向かう心は清き水鏡」

これは浪士組として江戸を発つ前に詠まれたものだ。

水鏡に映したように、清らかな心になれている――ということだろう。

差し向かっている相手は果たして誰なのか?

答えは探すまでもないはずだ。

新撰組　1863～

もってうまれた自分の性分で精一ぱいに生きるほか、人間、仕方がないのではないでしょうか

沖田総司

山南敬助や原田左之助、永倉新八らは試衛館につどっていた男たちだが、近藤勇に土方歳三と沖田総司、そして井上源三郎は試衛館の「同門」になる。

沖田は九歳の頃に入門しているので、土方よりもはるかに試衛館歴は長いが、近藤や土方を兄のように慕っていた。

肺を患っていたことから悲劇の剣士というイメージも強いが、場をなごませることが多いムードメーカー的存在だったというのが実像のようだ。

司馬遼太郎『**燃えよ剣**』では、土方がわざわざ結核に効くという薬を取り寄せ、沖田に飲ませようとすると、「いやだなあ」「土方さんのために服《の》むんですよ」と恩を着せるように言いながら薬を飲んだようにも書かれている。

常に沖田を気遣う土方とはこんなやり取りもしている。

「おれも、来世もし、うまれかわるとすれば、こんなあくのつよい性分でなく、お前のような人間になって出てきたいよ」

「さあ、どっちが幸福か。……」「わかりませんよ。**もってうまれた自分の性分で精一ぱいに生きるほか、人間、仕方がないのではないでしょうか**」

これも『燃えよ剣』の中の場面だが、そこにはフィクションを超えたものがあるように思えてならない。


近藤のことは、最後の最後まで心配していた。

近藤が斬首された二カ月後、沖田は療養のために匿われていた家で息をひきとるが、最後まで沖田には近藤の死が知らされなかったともいわれている。

「(体が)良くなれば庄内へゆきますよ。**西から薩長の兵が来れば、私ひとりで六十里越えの尾国峠でふせいでやります。そのときは、近藤さんと土方さんも連れてゆきますよ**」

右の台詞はやはり『燃えよ剣』の中のものだが、実際にも次のように言っていたという。

「**近藤さんはどうしていますか。便りはありませんか**」と。

討つも又討たるるも又哀れなり　同じ日本の乱れと思えば

武田耕雲斎

新撰組とは直接関係ないが、「水戸天狗党」についてもここで触れておきたい。初代筆頭局長である**芹沢鴨**の過去については謎の部分も多いが、新撰組以前には下村継次という名で水戸天狗党で三百名の隊員を預かる身だったと考えられている。天狗党は徳川斉昭の藩政改革を機に結成された急進派だ。「戊午の密勅問題」では、返納を阻止するためには実力行使を拒まない「激派」が天狗党内に現われている。下村こと芹沢はそこに加わっており、そのことから投獄もされた。

「**雪霜に色よく花の魁けて　散りても後に匂ふ梅が香**」

こうした辞世の句を詠み、死の時を待っていたのだともいう。だが、大赦の令が出されたため、芹沢は牢を出ることができた。その後に浪士組に入り、京に残ることを選んだのだ。

浅田次郎の『**輪違屋糸里**』では芹沢が「ほんの子供の時分から、この国は天朝様の総べる国だと教えられて育った。水戸の学問とはそういうものだ」と語るくだりがある。そんな芹沢が尊皇攘夷派の志士たちを取り締まる立場に就いたのは皮肉な話だ。

天狗党は天狗党で、その戦いを終わらせていなかった。芹沢が世を去ったおよそ半年後となる元治元年（１８６４）三月に藤田東湖の四男・**藤田小四郎**が筑波山に志士を集め、幕府に攘夷実行を求めるために挙兵したのだ。水戸藩の元参政・**武田耕雲斎**は、最初この挙兵に反対しながら、結局、挙兵した天狗党の首領となった。この天狗党は幕府が組織した連合軍と戦闘を繰り広げて敗れた。

それでも天狗党は、京にいる一橋慶喜に自分たちの志を伝えたいと考え、残った約八百人で行軍を続けた。追討軍を避けながら筑波から上州、信濃、美濃と遠回りで西上したが、最後は自分たちが頼みにしていた慶喜が討伐の軍を出したのを知り、敦賀（福井県）で投降した。京の手前だ。

〝死の大長征〟の果てに待っていたのはむごたらしすぎる結末だった。幕府軍を率いていた相良藩主・田沼意尊は、天狗党員全員を狭いニシン蔵に押し込め、人間扱いしなかった果てに三百五十二人を斬首にしたのだ。それが元治二年（１８６５）二月のことだ。幕末最大の惨劇といわれる。

この事件を扱った小説は複数あるが、**山田風太郎『魔群の通過』**は、後日譚も含めてこの惨劇をノンフィクションのように描き切っている。

「**討つも又《また》討たるるも又《また》哀れなり　同じ日本の乱れと思えば**」

耕雲斎は最期にそう言い残した。この時期、多くの騒乱は新撰組のいた京で起きていたが、京から離れた場所でもこうした悲劇はあったのだ。

永倉新八
二君につかえざるが武士の本懐でござる

文久三年（１８６３）に起きた「**八月十八日の政変**」では新撰組も出動したことはすでに書いている。この政変により長州は京での居場所をなくしたが、尊皇攘夷の志士たちが京からきれいに消え去ったわけではなかった。新撰組はその取り締まりを続けた。

文久四年（１８６４）一月に将軍・家茂が二度目の上洛を果たした際には新撰組も警護にも出ている。その後、参預会議がうまくいかなかったことから島津久光らは京を引き挙げていった。主だった勢力としては京には会津勢しか残っていなくなっていたなかで新撰組は会津藩主・松平容保のもとで働き続けた。長州の側からすれば、新撰組は恨めしく厄介な存在になっていたわけだ。

そうしたなかにあり、新撰組の名を一躍世に広め、長州の怨みを大きくしたのが元治元年（１８６４）六月の池田屋事件である（文久から元治への改元は二月に行なわれている。元治二年にもまた慶応に改元されているように幕末はとにかく改元が多い）。

京に潜伏している尊皇攘夷の志士たちを探索していた新撰組は、**古高俊太郎**という長州の志士が商人になりきって店を経営していて、そこに長州の人間が出入りしているのを突き止めた。

古高は桂小五郎の同志で、肥後の**宮部鼎蔵**と通じて公家屋敷にも出入りする大物だった。

その店に乗り込み、まず古高を捕えた。そしてなかなか口を割らない古高を拷問で責めた。

司馬遼太郎の『**燃えよ剣**』にはこうある。

《古高は当夜は壬生屯所の牢に入れられ、翌日、京都所司代の人数に檻送されて、六角の獄に下獄した。この夜から、獄吏の言語に絶する拷問をうけたが、ついに何事も吐かず、のち七月二十日、引き出されて刑死した。

が、事態はすでに古高の白状を必要とせぬまでになっていた。古高の連判状によって、徒党の名が洩れなくわかっている》

この記述は事実とは異なるようだ。

〝当事者〟である**永倉新八**の『**新撰組顚末記**』にはこう書かれている。

《近藤隊長はみずから古高を調べたがすでに死を決して上京したほどのかれとてなんにもいわぬ。打って打って背部がやぶれても眼をつぶって歯を食いしばり気絶しても口をひらかない。副長の土方歳三もほとほと手にあまし、いろいろ工夫した結果、まず古高の両手をうしろへまわしてしばり梁へさかさにつるしあげた。それから足の裏へ五寸釘をプツリとおし百目ろうそくを立てて火をともした。

みるみるろうが流れて熱船のようにトロトロのやつが古高の足の裏から脛のあたりへタラタラとはっていく。このしつこい残忍な苦痛にはさしも決死の古高もさすがにたえかねたとみえ、小半時ばかりもだえ苦しんだすえようやく口をひらいて同志の秘策をもらした》

子母澤寛の『**新選組始末記**』でもほぼ同じように書かれている。

司馬がどうしてこれに従わず、拷問は京都所司代で行なわれたように書いたかといえば、新撰組、とくに土方のそうした残忍な一面を見せたくはなかったからだろう。古高が最後まで自白しなかったように書いたのは、古高への敬意を表したためだとも考えられる。司馬作品が史実から少し逸れた際にはおよそこのような理由が考えられるのだ。

このとき古高が自白した計画はおそるべきものだった。御所に火をかけ、それに乗じて容保らを暗殺して、天皇を長州へ移そうとしていたというのだ。古高の自白ではなく新撰組が勝手につくりあげた話ではないかと疑う説もあるが、とりあえず永倉の『新撰組顚末記』にもそう書いてある。

その計画を会津藩には知らせたが、応援を待ちきれず、二十数名の志士が集まっているとわかった池田屋に踏み込んでいったのが池田屋事件だ。

「**主人はおるか、御用改めであるぞ**」

玄関から入った近藤が堂々と声をかけて、新撰組は池田屋に乗り込んだ。

最初に踏み込んだのは近藤勇、沖田総司、永倉新八、藤堂平助の四人だったが、土方隊が応援にかけつけるなどして池田屋での戦闘は二時間ほどにも及んだ。

ここで長州の**吉田稔麿**や肥後の宮部ら九人が斬死し、翌朝の掃討戦も含めて二十数名が捕縛された。この事件によって明治維新が遅れたとも早まったともいわれる。

それだけ尊皇攘夷派の打撃は大きかったということだ。


この池田屋事件も含めて、永倉が記録を残しておいてくれたことの意義は大きい。たとえ、すべてが事実ではないにしても参考になる。

永倉は「鳥羽伏見の戦い」「甲州勝沼の戦い」に参加したあと、近藤と袂を分かち、北関東で抗戦を続けたが、戊辰戦争を生き残り、大正四年（1915）に世を去った。

永倉らが会津に向かおうとしたとき、近藤から自分の「家臣」として動くように言われてこう返したという。

「二君につかえざるが武士の本懐でござる。これまで同盟こそすれ、いまだおてまえの家来にはあいなりもうさぬ」（『新撰組顚末記』より）

永倉とすれば、近藤の臣下としてではなく同志として、ともに戦い続けてきたということだ。池田屋事件でもそうだったわけだ。永倉は生まれたときから武士だった。それゆえの矜持である。

わしの剣は、士大夫の剣だ。士大夫の剣とは逃げることだ

桂小五郎

八月十八日の政変によって長州藩は追いつめられたといっていい。長州では事態打開のため武力衝突を辞さず京都に乗り込もうという「京都進発」が叫ばれるようになっていた。その急先鋒となっていたのがおよそ五百名の遊撃隊を率いていた**来島《きじま》又兵衛**だった。

奇兵隊総帥の座を退いたあと奥番頭という役に就いていた**高杉晋作**は、来島を止めようとしたが、来島からは「百六十万石という高禄を得るようになり臆病になったか」と言われてしまう。その言葉に反発するように晋作は、藩の許しを得ずに長州を出て、京に入った。「脱藩」にあたる行為なので、京にいた桂小五郎や久坂玄瑞は帰るようにと諭したが、晋作は京に残った。

これは**池田屋事件**が起こる前のことで、文久から元治へ元号が変わる年（１８６４）の一月から二月にかけてのことだ。この時期の晋作は土佐の中岡慎太郎らと会って島津久光暗殺を目論んでいたともいわれるが、実行はしていない。結局、三月になって萩に戻った。

時間を整理しておく必要があるが、前年に八月十八日の政変があり、その後に京に入っていた久光は、晋作が中岡らと会っていた段階ではまだ京にいた。晋作が萩に戻ったあとに久光らの軍勢は京を引き揚げ、主だった軍は会津勢だけになったのだ。

晋作はこのときの勝手な行動のために士籍を剥奪され、かつての松陰のように野山獄に投じられてしまう。獄中では「**余、先師（松陰）に地下に誓い、翻然として心を改む。早起して室を払い、虚心黙語、従容として以って命の終るを待つ**」とも書いている。

六月二十一日になって晋作は、野山獄を出されて自宅の座敷牢に移されることになるが、池田屋事件があったのはその直前の六月五日だ。長州藩にとっても重要な存在である志士たちが殺されたことにより、進発論は止められなくなった。

来島の遊撃隊を先頭にして、およそ二千の兵が京に向かったのである。

京が会津勢だけになっていた段階なら勝機はあったかもしれないが、このときはそうではなくなっていた。この年の二月に沖永良部島から戻っていた**西郷隆盛**が兵を率いて京へ入ったのだ。

「**梓弓はるは来にけり武士《もののふ》の　引きかへさじと出づる旅かな**」

もはや進発する他に道はない状況になったとき、**久坂玄瑞**も兵を率いて京に向かいながら、自作のこの詩を詠んだのだという。

このとき久坂は、妻の文に手紙を書いている。二度と会えないことはすでに覚悟していたが、それは文面に出していない。

「此度は何分ちょとなりとも、かへり度く候へ共、用事しげく、こまりをりまゐらせ候。……留守へ」

会えないまま行くこと（逝くこと）を詫びただけだ。それもまた久坂らしい。

そして七月十九日に武力衝突が起きる。

まず長州藩兵と会津・桑名藩兵が衝突した。これが蛤御門付近だったことから「蛤御門の変」、あるいは「**禁門の変**」と呼ばれる。

最初は長州軍が優勢になりかけたが、薩摩兵が参戦したこともあり、すぐに形勢は逆転して長州藩は大敗した。戦闘自体は一日で終わったが、京の町は大炎上して三万戸近い家屋が焼亡した。

この戦いでは長州側の死者は二百六十人を超えている。

久坂もこの戦いの中で自刃している。

一方、**桂小五郎**は池田屋事件、蛤御門の変を奇跡的に生き延びた。

池田屋事件に関しては、この日、桂も池田屋に行ったが、同志たちが集まるまでにはまだ時間があると思い、いちど池田屋を離れたときに事件が起きたというのが通説になっている。

蛤御門の変では、因幡藩を長州陣営に引き込もうとして動くなどしていながらも、結局、戦闘には加わらず逃げることを選んだ。

新撰組の探索を避けながら京に潜んでいたあと、但馬の出石という地に潜伏した。長州に戻ってくるのは慶応元年（1865）四月なので、潜伏期間はおよそ九カ月になる。

「逃げの小五郎」とも呼ばれる所以だ。**司馬遼太郎**の同名小説**『逃げの小五郎』**（**『幕末』**所収）ではこの潜伏期間が描かれている。京にいるあいだは、褌一つの素裸になり、顔に鍋墨をぬり、体に馬糞をこすりつけて雲助に扮するなど、その逃げは本気のものだった。

古川薫の**『桂小五郎』**では、桂と坂本龍馬が、このときの様子と龍馬の寺田屋事件を振り返り、語り合う場面が描かれている。

それによると桂は、いちど新撰組に捕まり、連行されかけている。

そのときに桂は途中で「下痢をしている」と言って路傍にうずくまり、便をしている。それで新撰組の者たちがその臭気に眉をひそめて距離をおいたところで逃げたというのである。龍馬に対して桂は「**これも兵法であります**」と言っている。

京に潜伏しているあいだには**幾松**という芸妓（のちの正妻、松子）に助けられていたのもよく知られている話だ。

『逃げの小次郎』では、以前に桂が幾松に話していたという言葉が振り返られている。

「わしの剣は、士大夫の剣だ」

「士大夫の剣だとはどういうことどす?」

「逃げることだ」

桂は江戸の三大道場のひとつ、練兵館で塾頭になっていた剣豪でもある。その道場の壁書には「**兵（武器）は兇器なれば――一生用ふることなきは大幸といふべし**」という項があったとされる。

「わしは無芸な男だがね。これだけが芸さ」

かつて桂がそう語っていたからこそ、桂が行方不明になっていたときも幾松は生きていることを信じられていたのである。

この幾松が近藤勇から桂をかばって逃がす場面もさまざまな作品で描かれている。

近藤が幾松に惹かれているように描かれたものもあるが、実際はどうだったろうか? そのあたりについては想像をふくらませるしかないだろう。

いずれにしても、桂はこの時期、逃げることに徹したのがよかった。

それによって、のちには「維新の三傑」と呼ばれるようになる。名を変えて**木戸孝允**である。

第五幕

大政奉還

西郷隆盛②
十六文で腹を養うような吉之助に天下の形勢などがわかるはずがないではないか

坂本龍馬、高杉晋作、西郷隆盛、勝海舟といった英雄たちがいよいよ歴史を動かす主人公になっていくのはこのあたりからとなる。

元治元年（１８６４）七月の**蛤御門の変**の際、高杉晋作は自宅の座敷牢に入っていたが、西郷はこの年の二月に沖永良部島から戻ってきていたことはすでに書いている。

前年七月に**薩英戦争**が起きたとき、西郷は島を出て鹿児島へ向かおうともしていた。その船を用意したのは、流罪になっていた西郷を見張るべき役人の土持《つちもち》政照だったという。土持も含めて島の人たちはすぐに西郷の人柄にほれ込んでいたのだそうだ。

ただし、このときはイギリス艦隊が引き上げたとの続報を聞き、西郷も島を出るのは思いとどまった。その後、藩の人間たちが西郷を許すようにと**島津久光**に懇願したのだ。

そのために動いたのは**大久保利通**や**小松帯刀**だったが、その意を汲んで島津久光に申し出たのは久光の侍臣だったといわれる。侍臣の命懸けの申し入れを聞き、久光は西郷を戻すことを決めたのだ。その際の久光が、くわえていた銀のキセルを噛みしめて、歯のあとが残ったというのも有名な逸話だ。西郷と久光は決して和解できていたわけではなかったということだ。西郷が久光に対して「地ゴロ」と言ったというのが本当であるなら久光が西郷を憎み続けていたのは仕方がない。

その西郷も出陣した蛤御門の変で長州藩は壊滅的な打撃を受けたが、この変の四日後の七月二十三日、朝廷からの勅命を受けるかたちで幕府は長州追討に乗り出す。これが「第一次長州征討」だ。この第一次長州征討で、西郷は幕府軍の参謀となっている。西郷は島津斉彬のもとで働いていたときから、広く名前を知られる存在になっていたのだ。

出兵に動くのは十月で、それ以前には幕府の軍艦奉行となっていた**勝海舟**と会談もしている。その際、話の中心は日米修好通商条約に関わる神戸開港の延期問題だったが、この会談がなければ歴史も変わっていただろう。このとき勝は、幕府はもう力を失っているので、雄藩諸侯（力のある藩の代表者たち）の合議制にしていくしかないということを西郷に説いたのだといわれる。

西郷は、幕府の人間からそんな話を聞かされたことに心底、驚いた。大久保利通へ宛てた手紙の中でも「（勝には）**ひどくほれ申し候**」と書いているのだ。

この後、勝の仲立ちによって**坂本龍馬**と西郷も初対面をかなえている。

『**氷川清話**』には、西郷に会ってきた龍馬が、勝にこう話したと書いてある。

「なるほど西郷というやつは、わからぬやつだ。少しくたたけば少しく響き、大きくたたけば大きく響く。もしばかなら大きなばかで、利口なら大きな利口だろう」

小説やドラマでよく見かける言葉だが、実際に龍馬はそう言っていたということだ。

少し話は逸れるが、『氷川清話』の中には、維新後に人見寧（のちの茨城県知事）が西郷に会いに行ったときのことも書かれている。西郷に会いに行きたいという人見の話を聞いているうちに勝は、人見が西郷を刺すことを目的にしているのだろうと気がついた。それでも勝は、西郷に会うための紹介状を書いてやった。だが、その中には西郷に宛てた「この男は足下《あなた》を刺すはずだが、ともかくも会ってやってくれ」という手紙を添えていたという。

西郷はそれを読んだうえで人見に会い、大口をあけて笑いながらこう言ったのだそうだ。

「先日私は大隅の方へ旅行した。その途中で、腹がへってたまらぬから十六文で芋を買って食ったが、たかが、十六文で腹を養うような吉之助（自分）に、天下の形勢などというものがわかるはずがないではないか」

それで人見は感服してそのまま帰ったという。西郷の懐の深さがわかるエピソードである。

龍馬はこの時期、神戸操練所の塾頭だったが、この年の十一月に勝は軍艦奉行を罷免される。そのため勝は、龍馬のその後を西郷に頼むことになる。翌年に龍馬は、薩摩藩の援助を受けて「海援隊」

の前身となる**亀山社中**を長崎につくっている。龍馬と西郷はそういう関係だったわけだ。

さらに先の話をすれば、龍馬暗殺事件の黒幕として薩摩藩が挙げられることもあるが、果たしてどうだろうか？　龍馬の妻**おりょう**によれば、事件を知った西郷は、怒髪天を衝く形相になって後藤象二郎をつかまえて怒鳴りつけたという。「ヌイ後藤、貴様が苦情を言わずに土佐屋敷へ（龍馬を）入れておいたなら、こんな事にならないのだ」（『**わが夫　坂本龍馬**』より）。

そして、「土佐・薩摩を尋ねても他にあのくらいの人物はないわ」と泣いたというのだから、西郷、勝、龍馬の三人はそれぞれに惚れ合っていたわけだ。

「龍馬の朋友や同輩もたくさんいましたが、腹の底から親切であったのは西郷さんと勝さんと、それから寺田屋のお登勢の三人でした」というのがおりょうの言葉だ。

話を戻す――。西郷はここで勝と龍馬に会ってなかったなら、第一次長州征討で幕府軍は長州を壊滅させてしまっていたかもしれない。しかし西郷がそうはしないほうがいいと考えるようになっていたこともあり、幕府軍は戦わずして勝つことを選んだのだ。

長州に向けて出兵はしたが、長州藩三家老の切腹などによって決着をつけると、幕府軍は攻撃はしかけず撤退したのである。長州では幕府に降伏するかどうかで藩論が二分したが、ここで幕府軍と武力衝突しないで済んだからこそ、次の幕へと進めたには違いなかった。

高杉晋作③
一里行けば一里の忠、二里行けば二里の義となる

第一次長州征討が迫っていたなか、長州はイギリス、フランス、アメリカ、オランダの四カ国連合艦隊からの砲撃を受けている。前年、長州が突然アメリカ商船を砲撃したことから戦闘が起きていたが、その後も長州藩は砲台を築き直して、関門海峡の封鎖を続けていた。そのため四カ国連合があらためて攻撃をしかけてきたのだ。

これが元治元年（1864）八月のことで、「**四カ国連合艦隊下関砲撃事件**」、あるいは「**下関戦争（馬関戦争）**」と呼ばれる。このとき四カ国連合艦隊は陸戦隊も繰りだしており、長州藩の砲台をすべて破壊した。これが蛤御門の変の翌月のことなのだから長州としてはたまらなかった。

そこに追いうちをかけるように長州征討が行なわれようとしていたのだ。

さて高杉晋作である。それまで座敷牢に入れられていた晋作は、このとき牢を出されたばかりか、

すぐに重臣に戻され、下関戦争の講和談判を任されることになっている。

ここで晋作の見せ場がある。通訳官**アーネスト・サトウ**からは「魔王」と称された一幕だ。**三好徹『高杉晋作』**では、まず「**われわれは負けたわけではない。たしかに砲台は破壊され、大砲は失ったが、われわれにはまだ数万の兵力を動員する力がある**」と切り出したとある。

晋作は、四カ国連合に対して一歩も引かない姿勢を見せたのだ。

二度目の交渉に晋作は出なかったが、さらなる見せ場は三度目の交渉の際だ。このとき相手が要求する三百万ドルの賠償金に関しては「支払い責任は攘夷決行を決めた幕府にある」と言い、彦島を租借したいという申し出も拒絶した。晋作は「**そもそもわが日の本の国は、遠く神代の昔、イザナギ、イザナミの二柱の命《みこと》が現われたまい、天の浮橋に立ちたもうて……**」と滔々と古事記を語り始め、そこにいる誰をも茫然とさせたという。そして彦島租借もあきらめさせたのだ。彦島租借を認めれば、一帯は香港のようになるとも危惧されたので、晋作は断固として認めなかったのである。


これにより晋作は長州を救ったわけだが、この後、朝廷は長州藩に対して正式に「朝敵」の烙印を押してしまった。それにともない長州藩では、それまで攘夷・改革を推進してきた「正義派」が立場を失い、旧来の保守派である「**俗論派**」**が台頭**することになる。

長州におけるこうした内部抗争は激しい。立場が一転すると、正義派の**周布政之助**は自決し、先にも書いたように**井上聞多**は刺客に襲撃された。晋作も正義派なのでまず役を失った。それだけでは済まされないのは間違いなかったので、九州へと逃げることになる。ここで晋作は、**野村望東尼**《もとに（ぼうとうに）》の山荘にかくまわれてもいる。だが、この逃亡・潜伏期間は一カ月にも満たない短いものだ。

望東尼のもとで潜伏していた際、長州征討の圧力に屈した俗論派が、正義派の三家老、四参謀を処刑して幕府軍に降伏したことを知り、ついに本気で立つのだ。

「功山寺決起」と呼ばれるクーデターである。

解散命令が出されていた**奇兵隊**などの諸隊（**遊撃隊**、**力士隊**など、奇兵隊に触発されてつくられた部隊）が下関の功山寺に集まっていたので晋作は単身、そこへ乗り込んでいったのだ。

「ここで兵を挙げて俗論派を討たなくてどうする！」と晋作は説いた。ただ、そこで晋作は失言をしてしまう。この頃、奇兵隊総督となっていた赤根武人が俗論派との和解を画策していたため、「赤根ごとき土百姓に何がわかる」という言い方をしてしまったのだ。この言葉には晋作のエリート意識が出ていたといえる。奇兵隊はそもそも身分を問わない集まりなのだからまずかった。

晋作もそれに気づいて、今度は歴史を動かす名言を発する。

「願わくば馬一頭を貸してくれ。萩まで駆け、藩公、世子公に直諫する。受け入れられなければ腹を斬る。萩まで着けずに俗論派に討たれても国家に殉ずることになる。**一里行けば一里の忠、二里行けば二里の義となる**」

それでも同調しようとする者はなかなか現れなかったが、多くの人間の心を動かしたのは確かだった。このとき力士隊を預かっていた**伊藤俊輔**が晋作と命運をともにする覚悟をまず決めた。

力士隊は二十名ほどしかいなかったが、そこに遊撃隊も加わり、結果として八十人ほどが晋作についていくことになったのだ。そして晋作たちは下関の藩会所を襲撃した。さらに海軍局を襲って軍艦を確保している。そうしたなかで諸隊も合流していき、俗論派を倒すことに成功したのだ。

功山寺決起は元治元年（1864）十二月十五日のことで、翌年二月に大勢が決した。たった一人で決起をぶち上げ、わずか八十人で動き出したクーデターである。この動きがなければ正義派は絶やされて、長州は幕府にひれ伏するばかりで日本の回天もなかったといえる。

めまぐるしい大逆転だったが、ここで再び晋作は表舞台から降りることにする。

「**人は艱難をともにすべくも、富貴をともにすべからず**」

この時期に晋作が残したもうひとつの歴史的名言である。

困難な状況はともに戦えても、富貴や地位が目の前にぶら下がればうまくやっていけない。そうした言葉を口にして、新体制の指導者になれる立場を捨てて、藩から出て行ったのだ。

この本は晋作伝ではないので詳しく書かないが、このとき晋作はイギリス留学をしようと考えて長崎に行った。結局、渡航をあきらめることになるが、下関開港を進めようとしたことから再び攘夷派から命を狙われるようになる。そこで今度は四国へ逃れることになったのだ。

とことん、ひとつの場所にはとどまっていられない男である。

薩長同盟　1866

中岡慎太郎
人の失策を求めて笑い、坐している傍観者は天下の機会を逃して人の後ろにおかれる

高杉晋作らがクーデターを成功させた元治二年（1865）から長州藩は「武備恭順」という政治路線をとることになる。矛盾した言葉がつながっているようだが、朝廷や幕府の命令には従う恭順の意を示しながらも、軍事力の再編成を行なっていくということだ。幕府がそれを黙って許すはずがない。「**第二次長州征討**」が始まるのは翌年の慶応二年六月からだが（元治二年四月に改元があったので慶応二年は1866年となる）、幕府ではすぐにその準備を始めていた。

歴史を動かす原動力となる「**薩長同盟**」はそのあいだに成っている。薩長同盟というと坂本龍馬の名前ばかりが挙げられがちだが、中岡慎太郎が先にその道筋をつくろうとしていたといえる。

土佐勤王党にいた中岡は、勤王党への弾圧が始まった頃に脱藩し、長州に身を寄せ三条実美の衛士を務めるなどしていた。晋作とともに島津久光暗殺を考えたこともあるというのは先にも書いている。その後、長州側に立って蛤御門の変や下関戦争にも加わっていたのだ。

中岡自身は倒幕派だが、だからこそ薩摩と長州を結ばせる必要があると考えていたのである。

薩長同盟において、長州側を代表するのは**桂小五郎**となる。

功山寺決起のあとに桂は潜伏先から呼び戻されていた。その後すぐに藩士を束ねるような存在になったのだ。藩主・毛利敬親からは木戸という姓を与えられ、木戸貫治、木戸準一郎、木戸孝允と名乗り方を変えていくことになるが、ここではまだ桂と書いておく。

中岡が書いた桂への手紙の中には次のような言葉が見つかる。

「**国家興亡は離同にあり、敵の強弱に関係せざるなり**」

薩長同盟の鍵を握る言葉だ。

こんな中岡がいたからこそ、桂が薩長同盟を考えるようになったともいえるのである。

中岡が書いた『時勢論』という論文の中には、現代にも通じる名言が見つかる。
《**世間因循傍観区々トシテ、只人ノ失策ヲ求メ笑ヒ、坐シテ天下ノ機会ヲ失シ甘ジテ人ノ後ニ落ツ**》
人の失策を求めて笑い、座している傍観者は天下の機会（チャンス）を逃して人の後ろにおかれることになる――というような意味になる。
自分から動いていかなければ、新しいことは何もできない。そんな思いが伝わる言葉だ。

坂本龍馬②

薩州がどうした、長州がなんじゃ。要は日本ではないか

中岡慎太郎が長州藩の信を得ていたからこそ薩長同盟は成ったともいえるだろうが、見せ場はやはり坂本龍馬が持っていく。ただ、それも簡単に事が運んでいったわけではなかった。

長州の**桂小五郎**と薩摩の**西郷隆盛**は、まず慶応元年（1865）五月に下関で会談を行なう予定だったが、そこに西郷は現われなかった。

下関に向かおうとしているなかで急用のため西郷が京に呼ばれたということになっている。長州征討に関する動きがあったためだとされているが、西郷が会談に踏み切れなかったからだと見る向きもある。

こうしたところに薩長同盟の難しさがあったには違いない。

とくに長州は、八月十八日の政変、池田屋事件、蛤御門の変と大難が続いた怨みが根深かった。長州では下駄の裏に「薩賊会奸」と書き、薩摩と会津を踏みつけながら歩く者があったというほど敵愾

心をふくらませていたのだ。内心穏やかならぬまま会談に臨もうとしながらすっぽかされたのだから、普通ならそこで話は終わるのが当然である。

それでもなお龍馬は桂を説き伏せた。このとき桂は、薩摩の名義で大砲や鉄砲を買い入れてほしいと申し入れている。先の砲撃事件と下関戦争があり、長州は外国と貿易ができなくなっていたからだ。そのかわりに長州は薩摩に兵糧米を売るということで両藩は歩み寄っている。

そして慶応二年（1866）一月、あらためて交渉をするため桂は京の薩摩屋敷に入った。

だが、桂は手厚いもてなしを受けるばかりで、同盟の交渉はまったく進まなかった。

そこに現われた龍馬は、桂に対してどうして同盟を切り出さないのかと問い質す。

司馬遼太郎『竜馬がゆく』の中では、桂はこう答えている。

「（朝敵という弱い立場にある長州から）口火を切れば、もはや対等の同盟にあらず、おのずから乞食のごとく薩州に援助を哀願するようなものではないか」

それに対して龍馬の名言が飛び出す。

「**まだその藩なるものの迷妄が醒めぬか。薩州がどうした、長州がなんじゃ。要は日本ではないか**」

一方の西郷に対しては「**長州が可哀そうではないか**」と言って、西郷のほうから歩み寄らせるように持っていく。司馬遼太郎が『竜馬がゆく』を書くモチベーションにもした名場面である。

この場面に関してはおよそこうした展開が描かれるのが常になっているが、**古川薫**の『**桂小五郎**』ではそのあたりが少し異なる。この本の中で桂は龍馬にこう言う。

「今、苦境に喘ぐ長州が、薩摩に低頭してまで、彼らを危険に引きずり込むことができましょうや。薩摩がみずから手を差しのべてくれてこそ、長州藩は救いを乞いもしよう。**このまま長州は滅びてもよいのです。薩摩が残って幕府を討ってくれるなら、われわれに憾みはないでありましょう**」

その言葉に龍馬は目をうるませる。

およその言い分は同じでも、最後の言葉が入ることによりニュアンスは大きく異なる。『竜馬がゆく』の中でも龍馬は、桂の話を聞いているうちに涙が止まらなくなるが、どちらかというとそれは同情の涙だ。だが、ここで龍馬が流すのは感動の涙だ。その違いはやはり大きい。自己犠牲の精神がなければ世の中をひっくり返すような変革は果たせないともいえよう。

これにより薩長同盟は成立する。

このとき、「戦《いくさ》（長州征討）となったときには薩摩が京、大坂に出兵して幕府に圧力を加えること」「長州に着せられている罪を解いて政治の舞台に戻ってこられるように尽力すること」などが約束されたのだ。取り決めた内容からいえば、五分五分の立場の同盟とはいい難い。薩摩が長州を助けることを約束する同盟だったと見ていいだろう。こうした内容については正式な盟約書が残されなかったので、桂がすぐに六条にまとめて坂本に確認させている。そして坂本が「その六条で相違ない」と朱書きしたものが現在に残されている。

この後の四月、大久保利通は「長州征討が行なわれても、薩摩藩は出兵を拒否する」という建白書を幕府側に出している。

そして実際に**第二次長州征討**が始まっても、薩摩は長州に向けて出兵はしなかった。


ここで薩長同盟が結ばれていなかったなら、歴史はどうなっていたかわからない。

それくらい大きなことだった。

そのためなのか……。

薩長同盟が結ばれてすぐに龍馬は**寺田屋**で襲撃されている。

それについてはすでに書いているが、おりょうの機転もあって龍馬の命は助かった。

この後に龍馬は、療養のため、おりょうを連れて薩摩へ行き、霧島山などを回る。

これが二人の新婚旅行（ホネー、ムーン）だったと書いているのは、明治のベストセラーである**坂崎紫瀾**の**『汗血千里の駒』**だ。『汗血千里の駒』は龍馬を主人公にした小説の原点といえる作品だ。講談調に近いもので少々読みにくいが、龍馬ファンなら目を通しておいていいだろう。

士の武器は刀槍ではなく重兵の隊であり、士の技能は剣術ではなく、重兵を指揮する能力である

大村益次郎

桂小五郎が出石から戻ってくる際、連絡役のような存在となってそれを助けたのが**伊藤俊輔**と、のちに〝日本陸軍の父〟と呼ばれることになり、靖国神社に銅像も立つ大村益次郎だった。

藩命による改名前は**村田蔵六**という名だった。

蔵六、大村益次郎といえば、なんといっても**司馬遼太郎**の『**花神**』だ。昭和五十二年（1977）の大河ドラマの原作にもなったが、幕末の英傑のなかでも風変わりな個性をもつ人物が、異色であるゆえ魅力的に描かれている。『花神』は文庫本で三冊になる長編だが、それ以前に司馬は『**鬼謀の人**』（『**人斬り以蔵**』所収）という短編も書いている。それだけ書きたい人物だったのだろう。

蔵六は、長州藩で兵学校教授役や外人応接掛などを務めて、**軍制改革**を任される存在になるが、もともと長州藩では「百姓の出」とみなされる村医の息子で（長州藩周防国の生まれ）、若いうちから医学、蘭学を学んでいた。**緒方洪庵の適塾**で塾頭にもなっており、その才能は長州藩より先に宇和島藩

や幕府に見込まれた。オランダ語、蘭学に長けているということから、宇和島藩で軍艦（蒸気船）と西洋式砲台をつくることが任されたのがキャリアの始まりといえる。蒸気船も砲台も見たことがない蔵六自身が驚いた役割だったが〝書を解く〟ことでそれを果たしてしまったのだから天才である。やがて幕府の蕃書調所教授方となり、その後、長州藩の要請を受け長州藩士となる。

軍人というより蘭学者、技術者なのだが、一種の変わり者でもあった。

「お暑うございます」と挨拶されれば、「暑中はあついのがあたりまえです」と返すような人物だ。桂とのやり取りでもその性格は変わらない。長州征討を前に「幕府と戦って勝てるでしょうか」と桂に聞かれると、「**勝てるようにすれば、勝てます**」と答え、「施条銃を一万挺そろえれば勝てます」と続けているのだ。どちらのエピソードも『花神』に書かれているものだが、徹底して合理的に物事を見ていた人間なのだろう。嘘を言えず、嘘を言わない。

そんな蔵六の真骨頂といえる言葉が次のものだ。百姓の出から士分の列に加えられた蔵六が馬に乗れず刀を使えないままでいたことを藩内で物笑いにされると、こう言ったというのだ。

「私の兵学で士というのは、諸藩で高禄を食む者のことではない。士の武器は刀槍ではなく重兵（兵卒）の隊であり、士の技能は何流の剣術ではなく、重兵を自在に指揮する能力である。武士、武士といって威張っている者に、国家の安危は託せられない」（『鬼謀の人』より）

長州藩は、必要な時に必要な人を得られていたというしかない。

余計な部分ではいっさい虚栄心をもたず、事の本質だけを捉えられていたのがわかる言葉だ。

『鬼謀の人』では「**私は、うまれてこのかた、無責任な言葉を吐いたことがない**」とも口にしているが、己を曲げず、嘘をつかない人は軋轢を生じさせやすいのもまた確かだ。

福沢諭吉の『**福翁自伝**』にも、蔵六が登場する。緒方洪庵の通夜に蔵六が現われたので、福沢が「馬関では大変なことをやったじゃないか」「この世の中に攘夷なんて丸で気違いの沙汰じゃないか」と問いかけたときのことが振り返られているのだ。「大変なこと」というのは、これより少し前にあった下関での外国船砲撃事件を指している。それに対して蔵六は返す。

「気違いとは何だ、けしからんことを言うな。長州ではチャント国是がきまってある。あんな奴原に我儘をされて堪るものか」

「防長の土民は悉く死に尽くしても許しはせぬ、どこまでもやるのだ」

蔵六ほどの識者がこうした言葉を口にしたことに、福沢は心底驚いたようだ。攘夷家を嫌う福沢は、仲間うちから蔵六を排斥しようともしている。福沢もまた付き合いにくい人間といえる。

この項の本題である**第二次長州征討**は、慶応二年（1866）六月から戦闘が始まった。

第一次長州征討では両軍の激突がないまま幕府軍が兵を引いたが、第二次長州征討では本格的な戦闘が行なわれている。このとき幕府軍は、石州口、芸州口、大島口、小倉口の四方面から攻め込んで

いったので「**四境戦争**」とも呼ばれている。戦争である。
幕府軍の総勢は十五万人だったのに対して、長州軍は総勢四千人ほどだったといわれる。戦力差はあまりにも大きかったわけだが、戦闘では長州軍が圧倒した。結果的には停戦合意（同年九月）で幕を閉じるが、事実上は長州藩の大勝利だった。

番狂わせの要因はいくつかあるが、蔵六改め大村益次郎が指揮した軍の強さもそのひとつだ。大村は石州口方面で合理的な戦いを展開して、幕府軍を撃破していったのだ。

「癸丑《きちゅう》以来、無数の屍のうえに維新は成ったが、最後に大村が出てこなかったら、成就は難しかったにちがいない」

のちに桂はそう回顧したという。それゆえの花神＝花咲じじいである。

この後、**戊辰戦争**でさらに名を挙げる大村は、明治二年（１８６９）に暗殺されることになる。それにしても〝己を曲げない〟ことが災いしたのかもしれない。戊辰戦争の最中、大村の軍略に対して薩摩の**海江田《かえだ(かいえだ)》信義**が異をとなえると、大村はこう言ったというのだ。

「アナタはいくさを知らぬのだ」（『花神』より）と。

海江田からすれば、これほどの侮辱の言葉はない。大村暗殺の黒幕は海江田だとも言われるが、定かではない。人は言葉によって天命を示すこともあれば、言葉によって命を失うこともある。

高杉晋作④
おもしろきこともなき世をおもしろく

第二次長州出征……、長州側から見れば四境戦争だが、これには高杉晋作も参戦している。晋作が四国へ逃れたのは慶応元年（1865）四月だったが、五月か六月には桂小五郎に呼び戻されていたのだ。桂が西郷と最初の会談に臨もうとしながら実現しなかった頃にあたる。

晋作が薩長同盟をどう考えていたかについては、作品などによって描かれ方が異なる。**三好徹『高杉晋作』**では「**薩摩と手を握ろうものなら、久坂の霊がうかばれまい**」と血を吐くような声で言ったとある。この同盟が長州を救い、日本を動かすものだと理解はしていても、自分ではその実現のために動くことはしなかったというのは真実に近い気がする。

四境戦争で晋作は海軍総督となっており、下関での戦いに臨んだ。奇襲を仕掛けて松山藩兵に占領された周防大島奪還に成功したあと、小倉口の戦いを続けることになる。

この下関の戦いでは**坂本龍馬**がユニオン号（乙丑丸）を長州藩に届けに来ていた。自ら海戦に参加して砲撃したとも、戦いの様子を近くで見物していたともいわれる。いずれにしても、その目で戦いを見ていたことは間違いない。兄に宛てた手紙には「**頼まれてよんどころなく長州の軍艦を率いて戦争せしに、是は何事もなく、面白き事にてありし**」などと書いている。

晋作の軍は最初、攻勢だったが、次第に戦いは膠着していった。そんな中にあっての七月二十日に大坂では将軍・家茂が病死する。

それを知った幕府軍は小倉口の征長軍を解散するなどしてまた戦況は変わった。

この後、十五代将軍には**慶喜**が就くことになるが、すぐのことではない。

慶喜は八月に徳川宗家を相続したが、将軍になることは固辞し続け、十二月になってようやく将軍に就任したのだ。一橋家も正式には一橋「徳川家」なので、一橋慶喜というのは通称といえるが、ここから徳川慶喜と呼ばれることになる。

慶喜がどうして将軍職を固辞していたのか？　慶喜は果たして将軍になりたかったのか？

それについてはさまざまな見方がされているが、心の内は本人にしかわからない。

ただ、このときの慶喜は自ら征討に出陣すると宣言しながらも、戦況がもはやどうにもならないのを確認すると、すぐさまそれをとりやめ、勝海舟を和平交渉に向かわせている。

司馬遼太郎『最後の将軍』では、この変心ぶりを前にして松平春嶽が言っている。

「つまるところ、あのひとには百の才智があって、ただ一つの胆力もない。胆力がなければ、智謀も才気もしょせんは猿芝居になるにすぎない」

実際に春嶽は、こうした言葉を口にしていたようだが、慶喜の本質をよく言い当てているといえるのではないだろうか。

晋作に話を戻せば、晋作の活躍はこの四境戦争が最後になる。

戦闘中から体調を悪化させていたが、小倉城を落としたあとは病状が悪化していく一方だった。療養のため下関の桜山へと居を移したが、その後は最期の時を待つばかりになっていた。

自らの意思による部分も大きかったといえるが、浮き沈みの激しかった晋作の生涯は、慶応三年（1867）四月に幕を閉じる。享年二十九である。

晋作をよく知る田中光顕は『維新風雲回顧録』の中で、晋作に聞かされたという言葉を書き記している。

「死すべき時に死し、生くべき時に生くるは、英雄豪傑のなすところである」

「およそ英雄というものは、変なき時は、非人乞食となってかくれ、変あるときに及んで、竜のごとくに振舞わなければならない」

田中は、晋作の生涯がまさしくそうだったと振り返る。

そしてまた、晋作には次のようにも言われていたそうだ。

「男子というものは、困ったということは、決していうものじゃない。……いかなる難局に処しても、必ず、窮すれば通ずで、どうにかなるもんだ」

晋作を敬愛する田中は、自分の孫にも「困ったと言うな」と、何度も言い聞かせていたそうだ。田中でなくても肝に銘じておきたい名言ばかりだ。


晋作の最期は、多くの作品に描かれている。

晋作をかくまったこともある**野村望東尼**は歌人だが、その望東尼が見舞いに来たとき晋作は、

「おもしろきこともなき世をおもしろく」

という上の句をつくった。

すると望東尼が、

「すみなすものは心なりけり」

と、下の句を続けた。

その句を聞いて、晋作はつぶやいたという。

「おもしろいのお」と。

天皇崩御　1866

あさゆふに　民やすかれと　思ふ身の　こころにかかる　異国のふね

孝明天皇

十四代将軍・家茂が京で亡くなったのは慶応二年（1866）七月二十日だったが、その死は伏せられており、八月二十日になって発表され、それを理由として休戦の朝命が出された。

家茂が長州征討のため江戸を発つ際、**和宮**に何か欲しいお土産があるかを聞いていたことから、家茂は西陣織を用意していた。その西陣織は、家茂の死後に江戸へ届けられたという。

「**うつせみの唐織衣**《からおりごろも》　**なにかせむ　綾も錦も　君ありてこそ**」

和宮はそう詠んでいる。いくら西陣織が美しくても、君（あなた）が生きていてこそなのに――。降嫁までのいきさつが嘘のような夫婦仲になっていたのがわかる詩である。

和宮降嫁の際には暗躍していた**岩倉具視**は、朝廷内で尊皇攘夷派の発言力が強まっていた頃に失脚して、約五年の蟄居生活を送っていたが、この頃からまた、ごそごそと動き出す。

家茂の死が明かされた直後に朝廷では「**廷臣二十二卿列参事件**」が起きている。

これは二十二人の公家たちが、尊皇攘夷派の公家を朝廷に戻して、佐幕派の公家を追放し、雄藩の諸公会議を開いて朝廷改革を進めていくべきだと進言する騒擾事件だった。

その二十二人のなかに岩倉はいなかったが、背後に岩倉の存在があったのは疑われない。

この訴えは、それまでの幕府と朝廷の関係を完全に否定するものだったので、孝明天皇はそれをはねのけ、逆に二十二人の公家には謹慎などの処分をくだした。

その四カ月後の十二月二十五日、孝明天皇は崩御する。

突然の異変は天然痘のためだと発表されたが、まことしやかに毒殺説もささやかれている。その犯人あるいは黒幕が岩倉だとする説もあるが、岩倉関与説は可能性としてかなり低いだろう。だが、この頃から岩倉は薩摩に近づき、「武力倒幕」「王政復古」の舵取りをしていくことになる。このとき即位した睦仁親王（明治天皇）が満十四歳という若さだったことも、岩倉にとっては表舞台に戻っていくための追い風になったのかもしれない。世の中にはそういう流れがあるものだ。

「**あさゆふに　民やすかれと　思ふ身の　こころにかかる　異国《とつくに》のふね**」

孝明天皇は、黒船来航があった年にそう詠まれていた。外国人嫌いだったという言い方もされるが、厳しい時代にあって国民のことを想い続けた天皇であられたのだろう。

小松帯刀
残ったうらみの上に新たな国をつくったところで、いずれ根元から国は倒れてしまいます

この時期に薩摩藩などは「武力倒幕」を目論んでいたが、武力倒幕をしないで新政府をつくるにはどうすればいいかを考えたのが**坂本龍馬**たちだったといえる。龍馬はそのために「**船中八策**」という構想を立て、それを土佐藩参政の**後藤象二郎**に伝えた。

船中八策は幕府が政権を朝廷に返上する「大政奉還」を軸にした構想だったので、幕府側が受け入れた場合には武力倒幕の必要がなくなる。

後藤は、龍馬の名前は出さずにこの案を**山内容堂**に伝えて、容堂はその考えに乗った。そして容堂が内容としては船中八策に近い「**大政奉還の建白書**」を幕府と朝廷に提出したのだ。

武力倒幕派にとっては受け入れがたい案だった。

武力倒幕派としては、幕府が憎いということではなく、とにかく一度、幕府を滅ぼしてしまわなければ新しい国づくりを始められないと考えていたのだ。龍馬とともに薩長同盟の実現に尽力した中岡

慎太郎にしても武力倒幕派だったので、龍馬の案はあまいと考えていたほどである。

西郷隆盛や大久保利通も、この頃には武力討伐のほかに道はないと考えていたが、薩摩藩家老の**小松帯刀**は違った。

西郷と大久保の影に隠れて目立たずにいるが、龍馬からも「天下の人物」と評されている。

薩摩の小松か、小松の薩摩か。そうとまで言われていた人物である。

懐かしい作品になるが、大河ドラマの名作**『篤姫』**では、小松の存在感が大きかった。

西郷と大久保が武力討伐を目指すのに対して、「幕府を倒すなど、それだけはなりません」と、小松はひとり頑張るのである。徳川慶喜に対して直接、大政奉還を強く迫っていった場面はドラマゆえの脚色だとしても、少なからず大政奉還に関わっていたのは確かである。

『篤姫』での小松は、最後まで武力討伐に反対しており、次のようにも言っていた。

「**戦《いくさ》が起これば人が死ぬ。日本の行く末が見えぬうちの戦なら、その者たちの死はみな犬死になる。そうせぬために必死に戦ってきた……**」

「**力で無理におさえつけてもうらみは残り、くすぶり続けるだけです。残ったうらみの上に新たな国をつくったところで、いずれ根元から国は倒れてしまいます**」

この後、小松は病いのため明治三年（1870）に世を去っているが、「維新の十傑」の一人に数えられている。

坂本龍馬③

誓ってこの公（慶喜）のために一命を捨てん

いよいよ幕末のクライマックスである。山内容堂が**大政奉還の建白書**を出すと、**徳川慶喜**は上洛していた各藩の重臣たちを集めて意見を求めた。そして大政奉還を決意して、その上表文を朝廷に奏上するのだ。これが受理されてはじめて大政奉還がなされることになる。

それと時を同じくして、薩摩藩と長州藩には**倒幕の密勅**が下される。

小説やドラマなどでは一日を争う緊迫した時間が描き出される局面である。

ただし現在では、この密勅は、天皇による裁可の記入がないなどの不備があり、岩倉らの手によってつくられた〝偽の密勅〟だったとみなされている。この時点では真偽は問われなかったにしても、密勅が用意されるのは、わずかに遅かった。慶応三年（１８６７）十月十四日に奏上された上表文は十五日に受理され、ここに大政奉還は成立した。密勅が下されていたのは十四日だったが、この時点で密勅は握りつぶされ、武力倒幕は見送られることになる。

司馬遼太郎『竜馬がゆく』でも、薩長同盟結成に続いて再び名場面を迎える。大政奉還の案を出した段階で、坂本龍馬は中岡慎太郎に対して「将軍慶喜がこれを容れねばたちどころに討つ」と話していたが、大政奉還の成立を知らされた龍馬は感動に涙してこう言うのだ。

「大樹公（将軍）、今日の心中さこそと察し奉る。よくも断じ給へるものかな、よくも断じ給へるものかな。予、誓ってこの公のために一命を捨てん」

自己犠牲といえるこの決断をした慶喜のためなら自分は命を投げ出す、というのである。大政奉還へのレールを敷いた者だからこその言葉といえる。

一方の慶喜はどうか。『竜馬がゆく』本編の中ではなく、あとがきに書かれているが、大政奉還の立案者が龍馬だと伝え聞くと、傍に仕える永井尚志に対してこう言ったのだという。

「土州の坂本竜馬には手をつけぬよう、見廻組、新選組の管掌者によく注意をしておくように」と。

結果として〝手遅れ〟になるものの、龍馬の想いが慶喜には通じていたことになる。

そしてさらに、そんな慶喜の想いは明治天皇にも届いていたといえる。

時が流れて明治三十一年――。慶喜が参内すると、明治天皇は慶喜を厚くもてなし、その翌日、伊藤博文に対してこう伝えられたのだという。

「昨日は久しぶりで恩返しをしたよ。なにしろ慶喜がもっていた天下をこちらが奪ったのだからな」

坂本龍馬暗殺事件　1867

由利公正

君がため　いそぐ旅路の愛発越え　衣の雪を払ふまもなし

「おれには、こんどの仕事が最後になる」

司馬遼太郎『**竜馬がゆく**』で坂本龍馬は、大政奉還が成ったあと、そう呟きながら福井へ急ぐ。

その「仕事」とは謹慎処分を受けていた福井藩士の**三岡八郎**を新政府に参加できるようにすることだった。『竜馬がゆく』に従えば、その仕事を終えたあとには日本のことは西郷隆盛たちに任せてしまい、「世界の海援隊」をやるため海に戻る——ということになる。

そのあたりについてはともかく、大政奉還が成ったあと、実際に龍馬は福井を訪れ、三岡に会っている。ごく最近では、龍馬がこの世を去ることになる五日前に福井藩の重臣に宛てて書いていた手紙も見つかった。そのなかではやはり三岡を新政府に出仕させるように求めていたのである。

龍馬と三岡はよほど気が合っていたらしい。そして龍馬は三岡の才を誰より買っていた。

三岡とは、維新後の由利公正である。

福井藩では財政再建に功をなしたあと、長州征討に関わる問題から謹慎となっていたが、龍馬の働きの甲斐あって、新政府では徴士参与として金融財政政策を担当した。

そしてなにより明治政府の基本方針として慶応四年（１８６８）三月に発布される**「五箇条の御誓文」**の原案を書いている。五箇条の御誓文は、龍馬の船中八策と内容が似ていることから、龍馬の意志を後世に伝えるものだという見方もされている。

龍馬と三岡の最後の会談は、日本をどうしていくかを確認し合うようにほぼ一日続いたという。三岡はまだ謹慎だったために立会人もいたというが、『竜馬がゆく』では龍馬が言っている。

「立会人もあがってもらえ。**みな共に、きょうから日本人じゃ**」

大政奉還が成ったうれしさに満ちた言葉だ。

その後、謹慎を解かれて新政府に参与することになった三岡が、ひげや月代を剃ることもなく京へと急いだことは、『竜馬がゆく』の最終巻に付けられたあとがきに書かれている。

『竜馬がゆく』を閉じるにあたって司馬遼太郎は、龍馬から三岡へバトンの受け渡しが行なわれていたことを書かずにいられなかったのだろう。

君がため　いそぐ旅路の愛発越《あらち》え　衣の雪を払ふまもなし

京へ向かう途中、愛発峠に降る雪が、三岡の視界から色彩を消していった。

おれは日本を生まれかわらせたかっただけで、生まれかわった日本で栄達するつもりはない

坂本龍馬④

大政奉還が成ったあと、坂本龍馬は**新政府案**をつくった。関白・三条実美、副関白（内大臣）・徳川慶喜から始まり、議奏に島津久光らを置き、参議に西郷隆盛らの名前を並べながらも、自分の名前を入れなかったというものだ。

実際は龍馬の意を汲みながら龍馬の側近である尾崎三良がまとめており、そこには参議として龍馬の名前があったともいわれるが、それについては詮索しない。ここに龍馬の名がないからこそ、**司馬遼太郎『竜馬がゆく』**でも多くの名言が飛び出している。

「**世界の海援隊でもやりましょうかな**」

これがもっともよく知られる言葉だが、他にもまだある。

「**おれは日本を生まれかわらせたかっただけで、生まれかわった日本で栄達するつもりはない**」

「**こういう心境でなければ大事業というものはできない。おれが平素そういう心境でいたからこそ、**

一介の処士にすぎぬおれの意見を世の人々も傾聴してきてくれた。大事をなしとげえたのも、そのおかげである」

人生の指標にできる言葉だといえるだろう。これらの言葉を〝龍馬が遺した訓〟として人生の道しるべにしている人もいるのではないだろうか。ビジネスの世界でもそのまま通じる金言である。

慶応三年（1867）十一月十五日、その龍馬は暗殺される。

中岡慎太郎とともに京の近江屋にいた際、何者かに襲撃されて命を落とすのだ。頭部を斬られた龍馬は即死に近く、中岡はその場ではなく二日後に息を引き取った。

当時は新撰組によるものと考えられていたが、現在では見廻組の**佐々木只三郎**らが実行犯だと見られている。清河八郎も暗殺した男だ。**早乙女貢『龍馬を斬った男』**を読めば、佐々木にもまた〝物語〟があったのが察せられる。ただし、龍馬暗殺の指示がどこから出たかは定かではない。幕府がその指示を出したといわれる一方で薩摩藩説、紀州藩説、後藤象二郎説などの見解がある。

どの説をとっても中岡は巻き込まれただけともいえるが、本人は死を待つような身になりながらも**「卑怯憎むべし、豪胆愛すべし」**と、襲撃者をたたえる言葉を口にしていたという。

坂崎紫瀾の**『汗血千里の駒』**では、龍馬も同じように言っている。

「今夜《こよい》の刺客は唯者にあらじ　豪胆彼が如くにして始めて大事を成し遂ぐべし」と。

田中光顕はこのとき土佐藩邸内の陸援隊にいたため、重傷を負いながらも中岡が運ばれてきたときのことを『**維新風雲回顧録**』に書いている。

それによると、かなりの重傷でありながらも気は確かだった中岡はこう言ったとある。

「突然、二人の男が二階へ駆け上がってきて、斬りかかったため、思わぬ不覚をとった。僕はかねて足下から貰っていた短刀をもって、受けたが、遅かった。坂本は左の手で刀を鞘のまま取って受けたが、とうとう頭をやられた、坂本は僕に向かって、**もう頭をやられたからいかん**といった、僕も、しょせん助かるまい」

龍馬の最期の言葉として、よく知られるひと言だ。

中岡に対しては「そんなことはない。長州の井上聞多はあれ程、斬られたが、まだ生きている。気をたしかに持って下さい」と励ましたというが、その翌々朝に中岡は絶命した。

警戒の必要があるのはわかっていたことなので、避けられない難ではなかったはずだ。

ありきたりの言い方をするなら、龍馬や晋作は〝回天〟のために生を享けた者たちだったのだろう。

龍馬たちが望んだ新しい世の中を迎えられたといっていいのかはともかく、回天は成った。

明治への改元はこの翌年のことだ。

終幕　戊辰戦争

山内容堂②

慶喜に罪ありというならば薩摩侯より七十万石を返上せよ。さればこの容堂も即刻、無一文になって見せよう

慶応三年（1867）十二月九日に「**王政復古の大号令**」が発せられている。幕府や摂政・関白を廃止して、新たに「総裁・議定・参与」の三職をおくと定める新体制を示したものだ。「総裁」は有栖川宮熾仁親王で、「議定」は皇族や公卿、それに松平春嶽や島津忠義ら諸侯、「参与」は岩倉具視ら公卿、それに西郷隆盛や後藤象二郎ら雄藩の藩士となった。徳川慶喜の名はなかった。

これに先立ち、長州藩の毛利敬親、定広父子の罪を解いて長州藩の入京を許し、三条実美ら七卿の官位回復、岩倉具視らの蟄居赦免も決められていた。

〝王政復古のクーデター〟と表現されることもあるが、岩倉が絵を描いたといえる動きである。

大政奉還がなされても、新政府は旧幕府が主導していくことになるとも考えられていたが、その可能性を絶ったのがこの大号令だった。

この日、幕末史において大きな意味をもつ「**小御所会議**」が開かれている。新たに設置された三職による最初の会議であり、慶喜の官位辞退と所領返納を決定するためのものだ。

司馬遼太郎『酔って候』では、開会後すぐに議定の一人である山内容堂が「待った」との声を挙げている。続けて容堂が発した言葉は『酔って候』から引かせていただくが、実際に容堂はおよそこうした意見を述べたようだ。ここで容堂は、有無をいわせず、慶喜、すなわち徳川将軍家からすべてを取り上げる岩倉や薩摩のやり方を非難したのだ。

「この座に、大政を奉還し奉った最大の功臣徳川慶喜がよばれておらぬのはいかがしたわけでござりまする。陰険じゃな」

「王道こんにちより開く。その第一日にあたってかかる詐略、不徳義は、帝徳を傷つけ奉るおそれあり、かつはこの出発のおん誤りが、天下の乱をまねくに至りまするぞ」

「土地を私有しているといえば、薩摩侯もそうではないか。予もまた同然である。**慶喜にその罪ありというならば提議者の薩摩侯より七十万石を返上せよ。さればこの容堂も即刻ただいまでも無一文になって見せよう。慶喜のみがなぜ四百万石を返上せねばならぬ。さらにそれを返上せぬといって、なぜそれを朝敵とするか。**理屈にあわぬではないか」

正論である。

このときは容堂だけでなく、やはり議定の松平春嶽も慶喜の官位辞退と所領返納に異をとなえた。容堂にこう出られては、なかなか互角に反論するのは難しく、その場は容堂が支配しかけた。

だからこそか、そこで容堂は口をすべらせる。

「幼冲の天子を擁して権柄を窃取し、自ら私せんとするものではないか」

幼冲とは、字のとおり幼いということだ。それで岩倉から「幼冲の天子などという不敬の言葉を弄するとは何事か」と大喝されるのだ。そう指摘されれば容堂も二の句が継げなくなってしまう。細かい言葉がどうだったかは別にしてこうしたやり取りは実際にあったものだ。

池波正太郎の**『西郷隆盛』**では、少し違った展開が描かれている。

容堂が「二百数十年の泰平をたもちつづけた徳川家には、さまざまの功罪もありましょうなれど……」と正論を展開するなかで岩倉がこう返したとあるのだ。

「むかし、自分が先帝の侍従をつとめていたころ、先帝が歌をおよみあそばれても、これをしたためる一枚の短冊とても宮中にはなかったのである。**徳川は朝廷に対し、二百数十年にわたって、このようなひどいあつかい方をして来たではないか**」と。

公家の暮らしぶりがかなり厳しいものだったということは事実としてよく語られる。物売りなどにしても、何も買えない公家屋敷の前では声を出すのを遠慮して黙って通ったともいわれるほどだ。当の岩倉にしても「祝いの日だけニシンと刻み昆布を食べられた」と回顧している。その暮らしは庶民と変わらないか、それより厳しいものだったのがわかる。

池波正太郎の『西郷隆盛』には、この会議のあとに西郷が「**あのときほど、貧窮のうらみというも**

の恐ろしさを感じたことはない」と洩らしたとも書かれている。岩倉の執念が、かつての貧窮生活や五年にも及ぶ蟄居生活に根差していたとしてもおかしくはない。

会議が煮詰まったところでいったん休憩が入れられ、そこで西郷が「短刀一本あれば事が足りる」と口にしたともいわれている。そうして西郷は、いざとなれば話し合いにこだわる必要はないという姿勢を見せたということだ。それを伝え聞いた容堂は、殺傷沙汰になるのを避けるためにも、それ以上は反対するのはやめたともされている。多くのところで採用されている説だが、果たしてどうだろうか？　西郷や容堂の性格を考えれば、疑問がもたれる面はある。

いずれにしても、この小御所会議では結局、慶喜に官位辞退と所領返納を命ずることが決められた。その決定を伝え聞いた二条城は大騒ぎになっている。

このとき二条城には、旗本五千、会津三千、桑名千五百を超す兵たちがいたが、慶喜は、騒ぎを起こさせないようにするため、兵たちを城外へ出さないようにとまず命じた。

そして十二月十二日、慶喜は「余に深謀あれども、今は明言せず」と言って、兵たちとともに京を引き揚げ、大坂へ下っていったのだ。

慶喜に本当に深謀があったのかはともかく、歴史の転換点になる言葉ではあった。

松平容保②
何すれぞ大樹　連枝をなげうつ

なんとしても武力倒幕をしたいと考えていた薩摩は、小御所会議前にすでに手を打っていた。「王政復古の大号令」が出されたのは慶応三年（１８６７）十二月九日だ。そのひと月ほど前から**西郷隆盛**が江戸に潜伏させていた工作班ともいえる存在が挑発行為を繰り返すようになっていたのだ。江戸の治安を悪化させることから始まっていたが、小御所会議のあとは、やり方があからさまになる。十二月二十二日には庄内藩の警備屯所に銃弾を撃ち込み、翌二十三日には江戸城二の丸に放火した。こうなれば幕府側もさすがに黙っていられなかった。庄内藩兵を中心にした千人を超える兵が薩摩屋敷を囲み、大砲を撃ちこむなどの攻撃をしたのだ。これにより薩摩藩では五十人ほどの死者が出ている。これが薩摩藩の思惑どおりだったとすれば、そうした自己犠牲をやむなしとするやり方はえげつない。そこまでの決意と覚悟があったには違いないが、無理やり倒幕の大義名分を得たかったということである。**池波正太郎**の『**西郷隆盛**』ではこのあたりが完全に省略されている。この時期の西郷の心中はなかなか推し量れるものではない。

薩摩屋敷焼き討ち事件が起こる以前、薩摩を倒す兵を挙げることを進言されると、**徳川慶喜**はこう答えたことがあったという。

「**譜代大名や旗本のなかに西郷吉之助に匹敵する人材がいるか。大久保一蔵に匹敵する者があるか。かく人物がなく薩州と開戦しても、いかでか必勝の策があるか**」と。

自らを知り相手を知ることで戦いを避けたというなら、上に立つ者としては賢明な判断だ。

それでも焼き討ち事件が起こると、さすがに主戦派を押さえることはできなくなった。

十二月三十日に「討薩の表」を起草して、一月二日から三日にかけて、一万五千といわれる旧幕府軍は大坂城を出て、京に向けての北上を開始したのだ。

菊池寛の『**鳥羽伏見の戦**』にはこうある。

《鳥羽伏見の戦いは、戦いと云うのでなく、一つの大競り合いである。通せ通さぬの問答からの喧嘩のようなものである》

慶応四年（1868）一月三日、鳥羽街道を封鎖していた薩摩藩兵と旧幕府軍が接触して、そんな問答から戦闘は開始された。菊地寛の作品は短編というにも紙数が少なすぎる掌編なので、戦いの詳細を知るには**野口武彦**氏の新書『**鳥羽伏見の戦い**』などがいいのではないかと思う。

この戦いでは、岩倉具視の考えによって大久保利通が用意した「**錦の御旗**」が掲げられる。

それにより倒幕軍（新政府軍）は〝**官軍**〟になり、旧幕府軍は〝**朝敵**〟となったのだ。官軍の兵力は五千ほどだったが、錦の御旗の力添えは大きく、この戦いは官軍が勝利する。

戦況が不利になっていながらも、一月五日の時点で慶喜は大坂城でこう言っていた。

「たとえ千騎戦没して一騎となれども退くべからず、汝らよろしく奮発して力を尽くすべし。もしこの地敗るるとも関東あり。関東敗るるとも水戸あり。決して中途に已《や》まざるべし」

そこにいた誰もが感涙を流したというのだから名演説だったのだろう。だが、その翌日になると、話はまったく変わる。陸軍奉行の浅野氏祐に対して慶喜はこう言ったのだ。

「先供の間違いより伏見の開戦となり、錦旗に発砲せりと誣《そし》られて、今は朝敵の汚名さえ蒙りたれば、余が素志は全く齟齬して、また如何ともする能わず。さればとてこの上なお滞城するときは、ますます過激輩の余勢を激成して、いかなる大事を牽き出さんも計られず。余なくば彼等の激論も鎮まりなん、ゆえに余は速やかに東帰して、素志の恭順を貫き、謹みて朝命を待ち奉らんと欲するなり、秘めよ、秘めよ」

野口氏の『鳥羽伏見の戦い』から引かせてもらったが、史料にある言葉だ。

要するに、先頭を進んでいた者の誤りから戦闘が起こり、錦の御旗にたてつく朝敵の汚名を着せられた。自分が大坂城に残っていてはなお過激な論者を刺激することになるので、江戸に引き上げる——というわけだ。「秘めよ、秘めよ」の言葉どおり、六日の深夜、慶喜はひそかに大坂城を抜け出し、海路、江戸へ引き上げた。このことが慶喜の評価を決定づけたといっていい。またもや胆力のなさが露呈されている。坂本龍馬を感動させた大政奉還の決意も台無しである。このとき、**松平容保**、**定敬**の兄弟も船に乗っていたが、「再挙のため」と信じさせられ、騙されたように連れて行かれた。船上で慶喜からこれ以上戦う意思がないことを告げられ、愕然とするのである。

江戸に戻った慶喜は恭順の意を示すため、幕臣にはそれぞれの知行所に戻るようにと命じた。そして容保、定敬の兄弟には登城を禁じて江戸から退去させたのだ。幕府のためにひたすら尽くしてきた兄弟はここで慶喜に見捨てられ、滅びへの道を進むしかなくなったのである。

「何すれぞ大樹　連枝をなげうつ　断腸す　三顧身を持するの日　涙をふるう　南柯《なんか》夢に入るとき
万死報国の志　いまだとげず　半途にして逆行　恨みなんぞ果てん　暗に知る　地運の推移し去るを
目黒橋頭　杜鵑啼く」

このとき容保はそう詠んでいる。

なぜ大樹、慶喜公は我らを見捨てたのか――。帝への報恩の志をいまだ遂げられていない。志なかばで世の中が逆転してしまった恨みは尽きない。会津藩邸があった目黒橋ではホトトギスが啼いていることだろう、と。

あとにもつながる悲しみの大きすぎる言葉だ。

江戸城無血開城　1868

天璋院篤姫
徳川家に嫁いだ以上は徳川家の土になります

連枝をなげうった一方で**徳川慶喜**はどんな行動に出たのか。

薩摩出身の**天璋院**（**篤姫**）や皇室出身の**静寛院宮**（**和宮**）に窮状を訴えることで、薩摩や朝廷に対して自分の助命や徳川家存続の嘆願に動いてもらえないか、と考えたのだ。

まず静寛院宮に会おうとしながらも、洋装の軍服だったため、「江戸城のしきたりを守らない者に会う必要はない」と拒まれたともいわれる。

天璋院に対しては、涙なくしては聞けないような語り口で鳥羽伏見の戦いのいきさつを訴えたともいわれる。慶喜の饒舌ぶりがどれほどの効果をもっていたかはわからないが、実際に天璋院も静寛院宮も徳川家存続のために尽くしている。

大河ドラマ『**篤姫**』で天璋院が見せていた覚悟はすさまじかった。

「幕府に我らを守る力がないいま、大奥と徳川家はこの天璋院が守ってみせる」

大奥の女たちにはそう言った一方で、慶喜に対してはこう告げている。

「（あなたには）生きてもらいます」「（生きて、生き恥を）さらすのです」

それらは脚色された言葉だとしても、天璋院は西郷隆盛に宛てて次のような手紙を書いている。

「私事徳川家へ嫁し付候上は、當家之土となり候は勿論、殊に温恭院《おんきょういん》ましまさず候へば、猶更同人之爲當家安全を祈候外御座無、存命中當家萬々一之事出來候ては、地下において何之面目無之……」

徳川家に嫁いだ以上は徳川家の土となるつもりなのはもちろんです。温恭院（家定公）は他界しているのでなおさら当家の安全を祈るばかりです。当家にもしものことがあれば、地下（あの世）で合わせる顔がありません――。

静寛院宮も、官軍（新政府軍）の先鋒総監となっていた橋本実梁《さねやな》に宛てた手紙などを書いている。

その中にはこうある。

「慶喜一身は何様にも仰せ付けられ、なにとぞ家名立ち行き候よう幾重にも願いたく……」

慶喜はどのようにされても仕方がないが、徳川の家名は残るようにしてほしい――。

天璋院も静寛院宮も、慶喜よりもはるかに〝徳川の人間〟になっていたのだ。

それがわかる言葉だ。

朝敵、徳川慶喜家来、山岡鉄太郎まかり通る

山岡鉄舟

大坂城から江戸に戻った徳川慶喜は、静寛院宮を頼る前にまず閑居の身となっていた**勝海舟**を呼びつけている。勝を陸軍総裁に任命することで、あとを託しているのだ。「他に人がいない」と言ったともいうが、人を見る目はあったということかもしれない。

その勝が無血開城を決めたことはよく知られているはずだが、これには前段がある。まず幕臣の山岡鉄舟が勝の手紙を持って駿河へ出向き、三月九日に**西郷隆盛**との会談を行なっているのだ。

「**朝敵、徳川慶喜家来、山岡鉄太郎まかり通る**」と大声で名乗り、新政府軍の真っただ中を闊歩していったともいわれている。そして山岡は、西郷に対して「もし島津公が慶喜と同じ立場であったらどうしますか」と問い詰め、慶喜の命を保証させている。

この山岡は、逸話の多い人物である。

のちに胃がんで亡くなっているが、最期のときには「そろそろだな」と言って皇居に向かって座禅を組み、そのまま大往生したともいわれる。

十五歳のときには「修身二十則」という掟をつくって、それを自分に課している。

一、嘘を言うべからず　一、君の御恩忘れるべからず
一、父母の御恩忘れるべからず　一、師の御恩忘れるべからず
一、人の御恩忘れるべからず　一、神仏ならびに長者を粗末にすべからず
一、幼者を侮るべからず　一、己に心よからず事　他人に求めるべからず
一、腹をたつるは道にあらず　一、何事も不幸を喜ぶべからず
一、力の及ぶ限りは善き方に尽くすべし　一、他を顧して自分の善ばかりするべからず
一、食する度に農業の艱難をおもうべし　草木土石にても粗末にすべからず
一、殊更に着物を飾りあるいはうわべをつくろうものは心濁りあるものと心得べし
一、礼儀をみだるべからず　一、何時何人に接するも客人に接するよう心得べし
一、己の知らざることは何人にてもならうべし　一、名利のため学問技芸すべからず
一、人にはすべて能不能あり、いちがいに人を捨て、あるいは笑うべからず
一、己の善行を誇り人に知らしむべからず すべて我心に努むるべし

……すべて名言である。

勝海舟③
死をおそれる人間は話すに足らないけれども、死を急ぐ人もまたけっしてほめられない

新政府軍は当初、三月十五日に江戸城総攻撃にとりかかることを決めていたが、その直前の十三日と十四日に勝海舟は西郷隆盛との会談を行なっている。

この会談で「無血開城」が決められるわけだが、このときのことは『**氷川清話**』でも触れられている。重要な箇所を引用させていただく。

《自分の功績を述べるようでおかしいが、おれが政権を奉還して、江戸城を引き払うように主張したのは、いわゆる国家主義から割りだしたものさ。三百年来の根底があるからといったところで、時勢が許さなかったらどうなるものか。かつまた都府（首都）というものは、天下の共有物であって、けっして一個人の私有物ではない。江戸城引き払いのことについては、おれにこの論拠があるものだから、だれがなんといったって少しもかまわなかったのさ》

《江戸城受け渡しのとき、官軍の方からは、予想どおり、西郷（隆盛）が来るというものだから、お

れは安心して寝ていたよ。そうすると皆のものは、この国事多難の際に、勝の気楽にはこまるといって、つぶやいていたようすだったが、**なに相手が西郷だから、むちゃなことをする気づかいはないと思って、談判のときにも、おれは欲をいわなかった。「ただ幕臣が飢えるのも気の毒だから、それだけは頼むぜ」といったばかりだった》**

こうして読めば、苦もなく無血開城が決められたようだが、そんなことがあるはずはない。天璋院や静寛院宮、そして山岡鉄舟らが西郷の心を動かしたうえで、勝と西郷の信頼関係があったからこそこれができたに違いない。この無血開城があったことで多くの命が救われたのも確かだ。

その一方、この頃には勝の命を狙う者は少なくなかった。

鉄砲の弾が勝の鬢（耳ぎわ）をかすめていったこともあったというのだ。それでも勝は護衛や壮士をつけることがなかったのだから、一歩間違えば、坂本龍馬のような最期を迎えていたことも充分考えられた。

しかし勝は、明治三十二年（1899）まで生き抜いた。だからこそ、『氷川清話』のような貴重な書を現在でも読むことができるわけだ。『氷川清話』を読めば幕末の様子や志士たちの素顔が窺えるのはありがたい。それだけではなく、名言も多いのだ。

いわく。

「上がった相場も、いつか下がるときがあるし、下がった相場も、いつかは上がるときがあるものさ」

「その上がり下がり十年間の辛抱ができる人は、すなわち大豪傑だ」

「政治家の秘訣は、何もない。ただただ『正心誠意』の四字ばかりだ」

「人はよく方針というが、方針を定めてどうするのだ。およそ天下のことは、あらかじめ測り知ることができないものだ」

「何事をするにも、無我の境に入らなければいけないよ。悟道徹底の極は、ただ無我の二字にほかならずさ」

「死をおそれる人間は、もちろん話すに足らないけれども、死を急ぐ人も、またけっしてほめられないよ」


勝の口から吐かれる名言は尽きない。

日本人ならぜひ『氷川清話』は読んでほしいところだ。


この無血開城によって**戊辰戦争**が終わったのかといえば、残念ながらそうはならなかった。

元新撰組の隊士たちが参戦した「**甲州勝沼の戦い**」があったのは無血開城以前の三月六日だったが、無血開城されたあとにはまず「**上野戦争**」が起きてしまう。

無血開城に納得しなかった抗戦派が**彰義隊**をつくり上野の寛永寺にたてこもったので、新政府軍との戦いになったのだ。これが五月のことで、このとき新政府軍の指揮をとったのが**大村益次郎**だった。

大村の戦略眼には抜けたものがあり、わずか一日で彰義隊を壊滅させている。

そして、新政府軍は京都守護職だった**松平容保**に目を向けた。京での容保が京都見廻組や新撰組を預かる立場として尊皇攘夷派の弾圧を行なっていたので恨みをつのらせていたわけだ。容保を「朝敵」とした新政府は、仙台藩、米沢藩に対して会津藩追討令を出した。鳥羽伏見の戦いの前に薩摩屋敷焼き討ちをしていた庄内藩の追討令も出されたが、仙台藩や米沢藩はこれに反発した。会津藩や庄内藩の何が悪いのか、という〝義〟による反発だ。

このことから奥羽列藩同盟と新政府軍の戦いが起きたのだ。

「**会津戦争**」「**東北戦争**」と呼ばれるが、五月から九月までの五カ月続き、多くの犠牲者を出している。とくに白虎隊の自刃などは取り返しのつかない悲劇として語り継がれている。

さらに**榎本武揚**率いる旧幕府艦隊は、東北戦争で敗れた大鳥圭介らを乗せて北へ進み、箱館を占拠して「**箱館戦争**」となった。明治二年（１８６９）五月に五稜郭が陥落するまで、この戦いは続いた。

新撰組副長の**土方歳三**は鳥羽伏見の戦いに敗れたあと、「**もはや槍や剣では戦争というものはできない**」と口にしていたが、それでも箱館戦争まで戦い続けた。

箱館戦争の終結によって戊辰戦争という名の内戦はようやく幕を閉じている。

佐賀の乱　1874

人間は、死にたくない

江藤新平

内戦は、戊辰戦争で終わらなかった。

廃藩置県、四民平等政策などの改革が進められていくと、明治政府に対して反感をもつ「不平士族」が増え始めた。そういうなかで大きな分かれ目となったのが「**征韓論**」だ。

ごく簡単に書けば、排日的鎖国主義をとっていた朝鮮に出兵して政治体制を変革させようという外征論だ。その先鋒に**西郷隆盛**がいたように解説されることも多いが、誤解しないでおく必要がある。西郷は必ずしも外征派ではなかった。自分が使節として朝鮮に渡り、それでもなんともできなければ出兵もやむなしというスタンスだったのであり、その意見は政府内でも通っていた。しかしそれが、岩倉具視や大久保利通らが欧米視察に出ていたあいだのことだったので話がややこしい。帰国した岩倉らは、西郷の派遣を中止にして内治優先を決めたのだ。この決定を不服とする西郷や板垣退助らが一斉に辞表を提出して下野した。このことが「**明治六年の政変**」と呼ばれる。

そこで起きた最初の大きな反乱が明治七年（1874）の「**佐賀の乱**」だ。

佐賀には征韓論を唱える征韓党、新政府の方針を不服とする憂国党があった。そこに征韓論に敗れて下野した江藤新平（佐賀出身で初代司法卿）が帰ったことから挙兵につながったのだ。

ただし、実際のところ江藤は反乱を起こすためではなく、その火種を消す目的で帰郷していた。東京を離れる際には同郷の**大隈重信**から「木乃伊《ミイラ》取りが木乃伊になる」「飛んで火にいる夏の虫だ」と止められながらも佐賀に帰り〝木乃伊〟になってしまったわけである。

佐賀の乱は、政府軍によって鎮圧されている。その後、江藤は鹿児島から四国へ渡り、一カ月以上の逃亡生活を続けたあとに捕縛された。いさぎよいと見られていた江藤が、どうしてそれほど往生際が悪いことをしたのかと周囲を驚かせたことだった。

山田風太郎『**首の座**』（『**幕末妖人伝**』所収）ではそのときの様子が描かれている。

拷問にも似た逃亡生活だった。限界をおぼえた従者は、なんのために苦難の逃亡を続けているのかと尋ねていたが、答えはなかった。だが、江藤は過去の出来事と重ねて答えを見つける。

人間は、死にたくない——。

その江藤は結局、処刑され、さらし首にされるのである。

その首の写真は残されているので、いまでも多くの人たちに見られ続けている。

西郷隆盛③
今度の戦争な、日本人同士の最後の戦争になってくれればよいと思うちょる

西郷隆盛にしても起ちたくて起ったわけではない。

江藤新平とはまた事情が異なるが、やむにやまれず起ったといえる。

背景にはやはり、士族の不満が抑えきれなくなってきていたことがある。

とくに明治九年（１８７６）に廃刀令が布告されて、家禄を全廃にする政策がとられたことが大きかった。士族たちはそれを受け入れられなかったのだ。この年十月に熊本で「**神風連の乱**」が起きたのを皮切りに、福岡で「**秋月《あきづき》の乱**」、山口で「**萩の乱**」が起きている。

佐賀の乱では、逃走した江藤新平が西郷のもとへ行き、直接会って決起を促していたが、これらの乱でも西郷が起つことを期待されていた。それでも西郷は起たなかった。

だが……、鹿児島でもやはり起たずにはいられない事情になってきたのだ。

下野して鹿児島に戻った西郷は「私学校」をつくって藩士の統制と若者の教練を行なっていた。西郷とすれば何かあれば政府に役立てたいとの考えがあったようだが、政府としては放置できない脅威になっていた。

そのため鹿児島の軍需工場に保管されていた武器弾薬を大阪へと移す計画を進めた。それを知った私学校の生徒たちは、相手がその気ならとばかりに陸軍火薬局などを襲い、弾薬を奪った。これが発端といえる。

このことを知った西郷は「**ちょしもた**（しまった）。**なんちゅうこっを**」と洩らしながらも、「**これも天命でごわす**」と覚悟を決めたといわれる。

さらに東京から帰郷してきた警官らを拷問すると、西郷暗殺を命じられていたということがわかった。それによって今度こそ、私学校の生徒たちの怒りを抑えられなくなったのだ。西郷らは武装上京のために蜂起した。

これが明治十年（１８７７）二月に起きた「**西南戦争**」である。

西郷軍の総兵力は約三万人で、政府軍は約五万八千人。九月に政府軍が鎮圧するまでに両軍合わせて一万人を超える戦死者が出る戦いになった。それまでの反乱とは規模が違った。不平士族たちの最後にして最大の反乱になったのだ。

熊本を目指しながらも熊本城を陥落させられず、鹿児島に戻った西郷たちは城山を占拠したが、城山も包囲された。そこで西郷たちは「**潔く前へ進んで死のう**」と城山を降りていった。そして体に銃弾を受けた西郷が「晋どん、もうここいらでよか」と言って、別府晋介に首を斬り落とさせたのだ。自刃とはされるが、自ら腹を斬ることはなく、あぐらをかいて介錯を待ったという。

池波正太郎の**『西郷隆盛』**の中に書かれているが、西郷は下野して鹿児島に戻る際、板垣退助に対して冗談めかして次のように話したともいわれる。

「**まだ戦さな足らんようでごわす。薩摩な征伐せぬことには埒があきますまい。こりゃ木戸や大久保には出来ぬ。わしがやらねば**」

実際にそんな言葉を口にしていたのだとしても、本音だったのかはわからない。ただ西郷は、何かしらのかたちで新政府と士族の争いを終結させる必要があったと考えていたのかもしれない。どこまでそれを意識していたかは別にして、結果的には自分でその役割を果たしたということだ。

ここまでの犠牲を払わなければならなかったかはともかく、西南戦争は〝幕末〟を閉じるために必要な戦いだったという見方はできる。

やはり池波『西郷隆盛』の中で、西郷はこうも言っている。

「**今度の戦争な、日本人同士の最後の戦争になってくれればよいと思うちょる……そうなることと思うが……**」

西郷に関しては、もう少し名言を取り上げておきたい。
すでに紹介した『**南洲翁遺訓**』にある「人を相手にせず、天を相手にせよ。天を相手にして、己れを盡て人を咎めず、我が誠の足らざるを尋ぬべし」に続くのが次の言葉だ。

「**己れを愛するは善《よ》からぬことの第一也。修業の出来ぬも、事の成らぬも、過を改むることの出来ぬも、功に伐《ほこ》り驕謾の生ずるも、皆自ら愛するが為なれば、決して己れを愛せぬもの也**」

さらにこうもある。

「**過ちを改むるに、自ら過つたとさへ思ひ付かば、夫《そ》れにて善し、其の事をば棄て顧みず、直に一歩踏み出す可し。過を悔しく思ひ、取り繕はんとて心配するは、譬へば茶碗を割り、其の缺《か》けを集め合せ見るも同にて、詮もなきこと也**」

「**道を行ふ者は、固より困厄《こんやく》に逢ふものなれば、如何なる艱難の地に立つとも、事の成否身の死生抔に、少しも関係せぬもの也。事には上手下手有り、物には出来る人出来ざる人有るより、自然心を動す人も有れ共《ども》、人は道を行ふものゆゑ、道を蹈むには上手下手も無く、出来ざる人も無し。故に只管《ひたす》ら道を行ひ道を楽み、若し艱難に逢うて之れを凌んとならば、彌々《いよいよ》道を行ひ道を楽む可し。予壮年より艱難と云ふ艱難に罹りしゆゑ、今はどんな事に出會ふ共、動揺は致すまじ、夫れだけは仕合せなり**」

言葉遣いは少々難しいにしても、訳す必要があるものではないのでじっくり読んでほしい。
西郷隆盛の人柄がにじみ出た言葉だ。

世の中は桜の下の相撲かな

木戸孝允

西南戦争を語る際によく紹介される言葉がある。

「西郷、もういい加減にせんか」

桂小五郎改め木戸孝允によるものだ。

西郷隆盛は明治十年（１８７７）二月十五日に挙兵して九月二十四日に自刃しているが、西南戦争の最中となる五月二十六日に木戸は病いのため死去している。その直前の意識朦朧としているなかで木戸は大久保利通の手を握りしめ、突然、大声を出してそう言ったそうだ。

木戸の体はあちこちが蝕まれていたようだが、心の病いを患っていたともいわれる。

「こういう政府をつくるために癸丑以来粉骨したわけではない」という心労が木戸の心身を弱らせていたのだとも考えられている。

西郷、大久保、木戸は「**維新の三傑**」とも呼ばれている。そのなかでは大久保が最後に残ったわけだが、翌年（1878）五月十四日、紀尾井坂で襲われ、命を奪われた。

大久保を襲った者たちは「民権を抑圧している」「志士を排斥して内乱を引き起こした」などと記した斬奸状を持っており、大久保だけでなく岩倉具視らにも罪があると考えていた。つまりはこれも「不平士族」による凶行だったわけだ。

その意味でいえば、西南戦争をもってしても〝幕末〟は閉じられていなかったことになる。

田中光顕の『**維新風雲回顧録**』によると、木戸は田中のために次のような俳句を書いてくれたことがあったという。

「**世の中は桜の下の相撲かな**」

それで田中が「何のことか、自分にはわからぬ」と言うと、木戸は笑ってこう答えたそうだ。

「**いいか、桜の下で相撲をとってみたまえ、勝ったものには、花が見えなくて、仰むけに倒れたものが、上向いて花を見るであろう、国事に奔走したものも、そんなものだろう、わかったか**」

幕末とは何だったのか？　志士たちは何のために戦ったのか？

そんなことを考えさせてくれる言葉である。

幕末略年表

1853（嘉永6年）
6月……アメリカのペリー、浦賀に来航
7月……ロシアのプチャーチン、長崎に来航

1854（安政1年）11・27改元
3月……日米和親条約（神奈川条約）
吉田松陰密航に失敗
8月……日英和親条約
12月……日露和親条約

1855（安政2年）
10月……安政の大地震

1856（安政3年）
7月……アメリカ総領事ハリス上陸
9月……吉田松陰、松下村塾の再興を許される

1858（安政5年）
4月……井伊直弼、大老となる
6月……日米修好通商条約
7月……将軍家定没
9月……安政の大獄始まる
10月……家茂将軍に

1859（安政6年）
10月……橋本左内、頼三樹三郎、吉田松陰ら処刑される

1860（万延1年）3・18改元

1月……勝海舟ら、咸臨丸でアメリカへ向かう

3月……桜田門外の変：大老・井伊直弼、水戸藩浪士らに殺される

五品江戸廻送令（幕府による最初の貿易統制令）

9月……幕府、徳川慶喜、慶勝、山内豊信の謹慎を解除

11月……皇妹・和宮の家茂への降嫁を発表

12月……アメリカ通訳ヒュースケン、浪人に惨殺される

1861（文久1年）2・19改元

2月……ロシア軍艦、対馬の占領を企図

5月……水戸藩士、英公使オールコックを襲撃

7月……英軍艦対馬へ、ロシア軍艦の退去を要求

10月……和宮、江戸へ向かう（婚儀は翌年2月）

1862（文久2年）

1月……坂下門外の変：老中・安藤信正、襲撃され負傷

4月……寺田屋騒動：薩摩藩士有馬新七ら、斬殺される

7月……一橋慶喜、将軍後見職に

8月……生麦事件：島津久光行列護衛中の薩摩藩士、イギリス人を斬る

閏8月…会津藩主・松平容保、京都守護職に

参勤交代制度緩和

12月……将軍・家茂、攘夷実行を奉答

高杉晋作ら、英国公使館を襲撃

1863（文久3年）

2月……尊王攘夷派、足利三代の木像の首を三条河原にさらす

3月……家茂、上洛。孝明天皇、攘夷祈願で賀茂神社に行幸する

新撰組、京都守護職に属す

4月……幕府、攘夷期限を5月10日とする旨奉答

5月……長州藩、米、仏、蘭艦を砲撃

井上聞多、伊藤俊輔ら、イギリス留学に出発

6月……高杉晋作ら、奇兵隊を編成

7月……薩英戦争

8月……八月十八日の政変：公武合体派のクーデター、尊王攘夷派を京都から追放

天誅組の乱

10月……天誅組の乱に呼応して、沢宣嘉ら生野で挙兵：生野の変

12月……徳川慶喜、松平容保、山内豊信、伊達宗城ら、朝議参与に任命される

1864（元治1年）2・20改元

3月……フランス公使ロッシュ着任

天狗党の乱：武田耕雲斎、藤田小四郎、筑波山で挙兵（投降12月）

6月……池田屋事件：新撰組、尊王攘夷派を襲撃

7月……佐久間象山暗殺される

禁門の変（蛤御門の変）

8月……第一次長州征伐

下関戦争：仏・米・英・蘭の四国艦隊、下関を攻撃。長州藩、四カ国と講和

12月……高杉晋作、功山寺で挙兵

1865（慶応1年）4・7改元

2月……天狗党員300名以上が処刑される

3月……幕府、神戸海軍操練所を廃止

5月……幕府、第二次長州征伐を準備

閏5月…土佐藩、武市半平太ら尊王攘夷派を処刑

イギリス公使パークス着任

6月……坂本龍馬、中岡慎太郎、薩摩・長州間を斡旋

9月……英・仏・米・蘭の四国、兵庫開港を要求

＊この年、農民一揆多発

1866（慶応2年）

1月……薩長同盟成立
5月……幕府、英・米・仏・蘭と改税調書に調印
6月……第二次長州征伐開始
8月……将軍家茂没のため征長停止の勅命
12月……孝明天皇崩御
　　徳川慶喜、将軍となる
　　＊この年、農民一揆、打ちこわし多発

1867（慶応3年）

4月……徳川慶喜、大坂城で英・仏・米公使と引見
　　坂本龍馬、海援隊長に
　　高杉晋作没
6月……薩土盟約：後藤象二郎、坂本龍馬、中岡慎太郎（土佐）、小松帯刀、西郷吉之助、大久保一蔵（薩摩）らが政治同盟を結ぶ
7月……中岡慎太郎、陸援隊を組織
8月……ええじゃないか騒動
9月……薩・長・芸三藩、挙兵討幕を約定
　　岩倉具視ら、王権復古の計画
10月……土佐藩、幕府へ大政奉還を建白
　　薩長に討幕の密勅
　　徳川慶喜、大政奉還し、将軍職を辞職
11月……坂本龍馬、中岡慎太郎、暗殺される
12月……朝廷、王政復古の大号令

1868（明治1年）9・8改元

1月……鳥羽・伏見の戦、戊辰戦争始まる、慶喜追討令出る
　　神戸事件：備前藩兵、外国人と衝突
　　新政府、王政復古を各国公使に布告
　　英・米・仏・蘭・普・伊、局外中立を宣言
2月……堺事件：土佐藩兵、仏兵を殺傷
　　イギリス公使パークス、尊王攘夷派に襲撃される
3月……相良総三ら赤報隊、偽官軍として諏訪で処刑
　　西郷隆盛、山岡鉄太郎・勝海舟と江戸開城

交渉
五カ条の誓文、五傍の掲示、廃仏毀釈運動
4月……江戸開城、慶喜水戸へ
新政府、政令書発布
近藤勇、処刑される
5月……徳川家、駿府七十石に減封
新政府太政官札発行
奥羽越列藩同盟
討幕軍、彰義隊討伐
7月……江戸、東京と改められる
8月……榎本武揚、東京を脱走
9月……明治と改元、一世一元の制
会津藩、降伏
10月……榎本武揚、箱館五稜郭を占拠
明治天皇、東京に着く（12月京都に帰還）、
江戸城を皇居とし東京城と改称

1869（明治2年）

1月……薩・長・土・肥四藩、版籍奉還を上奏
3月……明治天皇、東京着
5月……榎本武揚ら降伏、土方歳三戦死
出版条例
6月……版籍奉還
9月……大村益二郎、襲撃される（11月没）

1870（明治3年）

1月……大教宣布の詔が発せられる
12月……雲井龍雄ら、謀反の罪で処刑

1871（明治4年）

1月……参議・広沢真臣、暗殺される
5月……新貨条例
7月……廃藩置県
日清修好条規を調印
8月……穢多・非人の称廃止
10月……岩倉具視らを欧米に派遣

1872（明治5年）

8月……学制頒布
9月……新橋・横浜間鉄道開通
11月……太陽暦採用布告
国立銀行条例

1873（明治6年）

1月……徴兵令
7月……地租改正条例
8月……征韓論（10月征韓派参議、辞職）
11月……内務省設置

1874（明治7年）

1月……民選議院設立建白書
2月……佐賀の乱（3月江藤新平逮捕）
台湾征討決定

1875（明治8年）

4月……元老院・大審院・地方官会議を設置
5月……樺太千島交換条約
6月……讒謗律・新聞条例
9月……江華島事件

1876（明治9年）

2月……日朝修好条規
3月……廃刀令
8月……金禄公債証書発行条例
10月……熊本神風連の乱、秋月の乱、萩の乱
12月……地租改正反対大一揆

1877（明治10年）

1月……地租を減ずる詔書
2月……西南戦争開始（9月終結）

【参考文献】

『幕末史』（半藤一利／新潮文庫）
『増補版　日本史年表』（東京学芸大学日本史研究室編／東京堂）
『幕末小説なら、これを読め！』（オフサイド・ブックス／彩流社）
『司馬遼太郎が描かなかった幕末——松陰・龍馬・晋作の実像』（一坂太郎／集英社ｅ新書）
『わが夫　坂本龍馬』（一坂太郎／朝日新書）
『高杉晋作』（一坂太郎／文春新書）
『鳥羽伏見の戦い』（野口武彦／中公新書）
『詳説日本史』（石井進ほか／山川出版社）
『氷川清話』（勝海舟、勝部真長編 / 角川ソフィア文庫）
『福翁自伝』（福沢諭吉／常葉書房）
『西郷南洲遺訓』（山田済斎編／岩波文庫）
『維新風雲回顧録』(田中光顕／河出文庫）
『新撰組顛末記』（永倉新八／新人物文庫）
『浪士文久報告記事』（永倉新八／新人物文庫）

※他、小説などに関しては本文中に記述してあります

[著者紹介]

内池久貴（うちいけ・ひさたか）

1967年福井県生まれ。早稲田大学第一文学部卒業。出版社勤務などを経て、作家、ライターとして活動。作家しての著書に『月蝕——中原中也の狂想』（主婦の友社）、ライターとしての著書に『福井の逆襲』（言視舎）などがある。『なぜ、日本人は？』（ランダムハウス講談社）など、主筆を務めた共著も多数。『日本人がつくる世界史』（日下公人、宮脇淳子／KADOKAWA）など、構成を担当した書籍や新書も多い。

装丁………山田英春
DTP制作………REN
編集協力………田中はるか

幕末 名言物語

激動の瞬間をキーパーソンの言葉で追う

発行日❖2017年7月31日　初版第1刷

著者
内池久貴

発行者
杉山尚次

発行所
株式会社言視舎
東京都千代田区富士見2-2-2　〒102-0071
電話03-3234-5997　FAX 03-3234-5957
http://www.s-pn.jp/

印刷・製本
モリモト印刷（株）

ISBN978-4-86565-098-3 C0021